Zu diesem Buch

Jeder von uns hat Probleme mit sich und anderen. Manchmal werden sie so belastend, daß wir an fachmännische Hilfe denken: um Rauchen, Trinken oder Essen zu kontrollieren, Arbeits- und Lernstörungen zu beseitigen. Minderwertigkeitsgefühle und Ängste vor Menschen oder Situationen loszuwerden. Aber vor dem Gang zum Psychologen schrecken wir meist zurück, weil wir nicht als „krank" oder „gestört" gelten wollen.

Dabei sind psychische Störungen Erlebnis- und Verhaltensweisen, die unter meist ungünstigen Erziehungs- und Lebensbedingungen gelernt wurden. Deshalb können sie auch wieder verlernt und durch günstigere Verhaltensweisen ersetzt werden. Dazu bietet dieses Arbeitsbuch ein neuartiges Programm, das von Verhaltenstherapeuten ausgearbeitet und erprobt wurde, aber ohne ihre Mithilfe anzuwenden ist. Es leitet in einfacher Form und in kleinen Schritten zum genauen Erkennen und systematischen Ändern störender Eigenarten an. Psychologisches oder therapeutisches Fachwissen wird nicht vorausgesetzt, sondern in einigen Grundzügen beim Durcharbeiten des Programms vermittelt. Mit den Kenntnissen aus diesem Programm können Sie eigene Schwierigkeiten überwinden, aber auch anderen bei ihren Problemen wirksam helfen.

Anke Grundmann und Angelika Röhrs studierten Psychologie und Erziehungswissenschaften an der Universität Hamburg. Frauke Teegen ist Dozentin in der Arbeitsgruppe Verhaltenstherapie am Institut für klinische Psychologie der Universität Hamburg. Zusammen mit Regine Lorenz und Rainer Molzahn veröffentlichte sie als rororo sachbuch 6983 „Verhaltensänderung in der Schule. Systematisches Anleitungsprogramm für Lehrer".

Frauke Teegen
Anke Grundmann
Angelika Röhrs

sich ändern lernen

Anleitungen zur Selbsterfahrung
und Verhaltensmodifikation

Rowohlt

91.–95. Tausend April 1985

Erstausgabe
Veröffentlicht im Rowohlt Taschenbuch Verlag GmbH,
Reinbek bei Hamburg, Oktober 1975
Copyright © 1975 by Rowohlt Taschenbuch Verlag GmbH,
Reinbek bei Hamburg
Umschlagentwurf Manfred Waller
Layout Uwe-Karsten Wedekind
Satz: Alfred Utesch, Hamburg
Gesamtherstellung Clausen & Bosse, Leck
Printed in Germany
680 ISBN 3 499 16931 2

Inhaltsverzeichnis

Dieses Buch informiert Sie nicht nur allgemein über die Bedingungen, unter denen Verhaltensweisen und Einstellungen gelernt werden, sowie über die therapeutischen Verfahren, die eine wirksame Verhaltensänderung ermöglichen, sondern leitet Sie darüber hinaus an Hand von Arbeitsblättern an, eigene Probleme schrittweise zu analysieren und gezielt zu bearbeiten. Das Inhaltsverzeichnis weist deshalb eine Besonderheit auf, die dem praktischen Gebrauchswert des Buches entspricht. Um Ihnen den Überblick über Ihr Änderungsprogramm zu erleichtern, finden Sie parallel zum Verzeichnis der Kapitel und Abschnitte einen Arbeitsplan aufgeführt, der die einzelnen Arbeitsblätter nach der in der Verhaltenstherapie üblichen Schrittabfolge ordnet.

Einleitung

Verhaltenstherapeutischer Arbeitsplan

Verhaltenstherapeutischer Arbeitsplan

Interventionstechniken

Verhaltenstherapeutischer Arbeitsplan

Festlegung des Interventionsplans

Durchführung des Interventionsplans

Überprüfung der Interventionseffekte

Einleitung

Grundlagen und Ziele des Änderungsprogramms

Mit diesem Programm möchten wir Sie anleiten, nach selbstbestimmten Zielen bestimmte Veränderungen Ihres Verhaltens oder Ihrer Lebenssituation zu erreichen. Der Aufbau des Programms — Information, Aufgaben und Beratung — orientiert sich an Vorgehensweisen, die Verhaltenstherapeuten einsetzen, um ihren Klienten erwünschte, stabile Änderungen zu ermöglichen. Wir hoffen, daß dieses Buch einen Einblick in therapeutische Strategien gibt und die Scheu vor Therapeuten (Psychologen, Ärzten) und therapeutischen Institutionen abzubauen hilft, so daß es selbstverständlicher wird, bei starken persönlichen Belastungen und Krisen fachliche Hilfe in Anspruch zu nehmen. Darüber hinaus aber meinen wir, daß auch Laien ohne längere psychologisch-therapeutische Ausbildung dazu fähig sind, bestimmte Informationen und Strategien auf sich selbst anzuwenden und so persönliche Probleme selbständig zu vermindern oder auch andere, die Schwierigkeiten haben, wirksam zu beraten.

Das Programm soll

◯ Sie anleiten, mehr Klarheit über Ihre Probleme und Lebensumstände zu gewinnen, Ihre Wünsche und Ziele zu überdenken;

◯ Sie anregen, effektive Strategien zum Erreichen dieser Ziele einzusetzen;

◯ Ihnen einen Einblick geben in Bedingungen und Prozesse, die das Verhalten von einzelnen und Gruppen steuern;

◯ Ihnen helfen, von unerwünschten Steuerungen unabhängiger zu werden.

Wir gehen bei unserer Anleitung davon aus, daß alle Menschen (allerdings in unterschiedlichem Ausmaß) bestimmte Fähigkeiten zur Selbstregulation besitzen: Fähigkeiten, das eigene Verhalten zu bewerten, es zu beobachten, eigene Ziele zu überdenken, für erstrebenswerte Ziele momentanen Versuchungen widerstehen und unangenehme Situationen ertragen zu können.

Unseren Informationen und der konkreten Beratung liegt ein sozialwissenschaftliches Erklärungsmodell für psychische Störungen zugrunde: Wir betrachten persönliche Probleme und Verhaltensschwierigkeiten nicht als Anzeichen für einen individuellen „Erkrankungsprozeß", sondern gehen davon aus, daß es bestimmte Verhaltensweisen gibt, die von unserer Gesellschaft, unserer Bezugsgruppe oder von uns selbst als „störend", als „abweichend" im Vergleich zu den „normalen" Verhaltensweisen empfunden werden. Die Bezeichnung „abweichend" orientiert sich dabei im allgemeinen an den bestehen-

12

den Normen. Nach dieser Betrachtungsweise kann man davon ausgehen, daß „normale" und „abweichende" Verhaltensweisen nach denselben Gesetzmäßigkeiten erworben werden und durch Unterschiede in den jeweiligen Sozialisations- und Lebensbedingungen erklärbar sind. Das erleichtert die sachliche Konfrontation mit persönlichen Schwierigkeiten und beugt der Isolierung von Menschen mit stärkeren Beeinträchtigungen vor, da ihre Störungen nur im Zusammenhang mit dem sozialen Feld (das sie ausgelöst hat und aufrechterhält) verstanden und vermindert werden können.

Die erste Anregung, eine Anleitung zur Selbständerung zu schreiben, erhielten wir im Sommer 1973, als wir versuchten, Studenten in einem Kursus anzuleiten, persönliche Schwierigkeiten selbständig abzubauen und bei der Bearbeitung ihrer eigenen Probleme zugleich einen Einblick in verhaltenstherapeutische Strategien und Behandlungstechniken zu gewinnen. Als Grundlage benutzten wir ein amerikanisches Programm (Watson und Tharp 1972). Bei der Überprüfung und Kontrolle der Lern- und Änderungseffekte stellten wir jedoch fest, daß diese Anleitung für die meisten Teilnehmer noch zu schwierig und zu wenig konkret war, um ihnen eine klare Analyse ihrer Probleme und eine gezielte Verhaltensänderung zu ermöglichen. Viele Teilnehmer hatten auch den Eindruck, daß ihnen die oft unkritisch-naive Vermittlung von Änderungstechniken den Zugang zu persönlichen Änderungen versperrte.

Wir haben daraufhin an Hand dieser Ergebnisse versucht, in Verbindung mit unseren eigenen therapeutischen Erfahrungen und den wichtigsten Hinweisen zu Selbständerungs-Prozessen aus neueren Forschungsprojekten ein einfaches Programm zu erstellen. Es soll in kleinen Schritten zur Analyse von Verhaltensschwierigkeiten, zur kritischen Reflexion eigener Veränderungsziele, zur Planung und Durchführung eines Verhaltenstrainings anleiten. Die Arbeit mit dem Programm setzt keine theoretischen und praktischen Kenntnisse der Prinzipien der Verhaltensmodifikation voraus; vielmehr werden die wichtigsten Änderungsstrategien und -verfahren durch die Übungen zur Selbsterfahrung und Selbständerung gelernt.

Das Programm gibt also sowohl eine praktische Anleitung zur Verminderung persönlich belastender Probleme als auch einen exemplarischen Einblick in die Arbeit eines Verhaltenstherapeuten.

Wir haben eine Vorform dieses Anleitungsprogramms in verschiedenen Städten mit Studenten und Teilnehmern von Volkshochschulkursen erprobt. Und wir möchten an dieser Stelle allen Teilnehmern für ihre engagierte Mitarbeit und für ihre Bereit-

willigkeit danken, uns Informationen über ihre Probleme und Erfahrungen zu überlassen.
Etwa 90 Prozent aller Teilnehmer lernten mit dieser Anleitung, ihre Probleme und Schwierigkeiten zu beschreiben und im Zusammenhang mit ihrer Lebenssituation genauer zu analysieren sowie Ziele für mögliche Verhaltensänderungen zu präzisieren. Etwa 30 Prozent der Teilnehmer meinten, allein schon durch die intensive Beschäftigung mit ihrer Situation und durch die genaue Beobachtung ihres Verhaltens wichtige Einstellungs- und Verhaltensänderungen erreicht zu haben. Die übrigen Teilnehmer (überwiegend mit stärker belastenden Problemen) führten im Anschluß an die Analyse und Beobachtung noch systematische Trainingsprogramme durch — in den meisten Fällen mit dem Ergebnis einer deutlichen Verhaltensänderung in Richtung der von ihnen geplanten Ziele. Einige Teilnehmer brachen die praktische Durchführung des Programms aber auch ab, da sie überwiegend theoretisch an den Vorgehensweisen interessiert waren oder weil ihnen die systematische Vorgehensweise des Programms und die zugrunde liegende lerntheoretische Konzeption, die nicht direkt auf eine Umstrukturierung der Gesamtpersönlichkeit abzielt, für sie selbst nicht angemessen und wirksam schien. Bearbeitet wurden ganz unterschiedliche Probleme:

○ störende, eingeschliffene Gewohnheiten (Nägelkauen, Haareraufen, Tics),

   zu stark ausgeprägte Konsum-Verhaltensweisen (zu vieles Essen, Rauchen, Trinken),

○ Ängste unterschiedlicher Stärke (in Gruppen, vor Autoritäten, vor bestimmten Situationen, Dingen),

○ fehlende Verhaltensweisen (systematisch arbeiten, sich durchsetzen, Kontakte aufnehmen).

Besonders häufig wurden Schwierigkeiten bearbeitet, die in Zusammenhang mit sozialer Unsicherheit, Ängstlichkeit und einem geringen Selbstwertgefühl standen. Einige Teilnehmer fanden erst im Laufe ihrer Problemanalyse heraus, daß ihre Schwierigkeiten (wie Konzentrationsstörungen) zu einem großen Teil mit Problemen sozialer Unsicherheit zusammenhingen.
Insgesamt zeigte sich, daß das Ausmaß der Veränderungen und günstigen Erfahrungen, die die Teilnehmer bei ihren Änderungsversuchen machten, nicht in erster Linie abhängig war von der Art ihres Problems, sondern weit mehr von der Stärke des Belastungsdrucks und von der Dringlichkeit ihres Änderungswunsches. Die Erfahrungsberichte der Teilnehmer nach der Durchführung der Änderungsprogramme liefen — trotz sehr unterschiedlicher Probleme — im wesentlichen darauf hinaus, daß sie neben einer Entlastung durch die

14

Verminderung des Problems ein Gefühl größerer Freiheit und Selbststeuerung erlebten, sich selbst mehr zutrauten und von ihrer Umwelt unabhängiger fühlten:

Gerhard M., 29 Jahre, Student:

Ich bin offener mit anderen Menschen geworden, zum Beispiel gegenüber meiner Mutter. Ich kann mich besser darstellen, äußern, wenn ich ein Problem habe und Hilfe brauche; in meiner Diplomarbeitsgruppe meine Ansprüche vermitteln; und ich fühle mich im Umgang mit anderen freier und gehe auch mehr und besser auf die anderen ein. Ich habe das Bewußtsein dafür bekommen, daß ich mein Leben in die Hand nehmen kann.

Monika B., 31 Jahre, Sozialarbeiterin:

Ganz wichtig war für mich die Erfahrung: Ich muß nicht nur dumpf abwarten, was da nun ‚Schicksalhaftes' mit mir abläuft, und anschließend sehen, was ich mit den Scherben noch einigermaßen anfangen kann — sondern ich kann aktiv eingreifen, selber etwas tun.

Klaus N., 29 Jahre, Angestellter:

Wenn ich daran denke, wie mein Lebensraum durch meine Angst eingeschränkt war und was mir alles nicht möglich war (Verkehrsmittel benutzen, Einladungen annehmen, einen Tag ohne Tabletten überstehen), dann hat sich mein Leben schon deutlich verändert. Ich bin zwar noch nicht so weit, daß ich sagen kann: Ich fühle mich wirklich ganz frei und unbelastet in alltäglichen Situationen. Aber ich bin sicher, daß ich dieses Ziel allmählich erreiche und daß sich der Einsatz von Zeit und Mühe lohnt, weil er mir hilft, mein Leben wieder selbst zu steuern.

Anne K., 29 Jahre, Sozialpädagogin:

Aus der genauen Beobachtung meines Verhaltens vor und nach meinem Änderungstraining kann ich deutlich ablesen, daß es mir jetzt in fast allen für mich wichtigen Situationen gelingt, mich zu behaupten, mich durchzusetzen, freier und selbstsicherer zu reagieren. Und insgesamt kann ich eigentlich sagen, daß sich diese ‚Daten' mit meinem persönlichen Empfinden decken: Ich fühle mich allgemein wohler, und dieses Gefühl kommt daher, daß ich jetzt mehr Interesse an meiner Umwelt habe, daß ich erfahren habe, daß ich mich wie andere Menschen durchsetzen kann, wenn ich es will und für sinnvoll halte, und durch das Bewußtsein, einfach mehr ich selber zu sein. Im Zusammenhang damit hat sich auch mein körperliches Befinden geändert. (Ich hatte zum Beispiel seit 4 Monaten keine Migräneanfälle mehr.) Alle Probleme habe ich natürlich nicht gelöst, aber ich fühle mich jetzt freier, mich ihnen zu stellen.

Einige Teilnehmer erlebten, daß sich ihr Bemühen um eine Veränderung ihres Verhaltens günstig auf ihre Umwelt und wichtige Bezugspersonen auswirkte:

Gerhard M., 29 Jahre, Student:
◯◯ ... das erhebende Gefühl von einem Tag vor einiger Zeit, als ich meiner Frau ganz frei und offen sagen konnte, was ich eigentlich jetzt immer wieder erlebe: Ich bin ganz sicher, daß ich mit dir zusammen leben möchte, daß ich bei dir bin und dich liebe, mich für dich entscheiden kann.◯◯

Christine H., 40 Jahre, Hausfrau:
◯◯ Dadurch, daß ich es mit Hilfe meiner Kinder gelernt habe, sie mehr zu loben und anzuerkennen, hat sich unsere gesamte Familiensituation verändert. Wir alle sind untereinander freundlicher geworden und nehmen mehr Anteil aneinander. Dadurch, daß wir unseren Änderungsplan in der Diele ausgehängt haben, interessierten sich auch Freunde und Bekannte für unseren Plan und diese Form der Verhaltensänderung, was zu sehr wichtigen Diskussionen führte.◯◯

Alle Teilnehmer, die ernsthaft versuchten, bei sich eine Verhaltensänderung zu erreichen, wurden damit konfrontiert, daß ein solcher Änderungsplan Zeit und Arbeit kostet (1—4 Stunden pro Woche) und auch ein gewisses Maß an persönlichem Einsatz verlangt:

Heiner R., 20 Jahre, Lehrling:
◯◯ Ich habe mit dem Kurs angefangen in dem Bewußtsein, daß ich am Ende war und mir keinen Rat mehr wußte. Und ich habe erwartet, daß ich hier Hilfe bekomme, daß ihr oder das Programm etwas für mich tun würdet. Erst in dem Moment, als ich erkannt hatte, daß ich auch selbst mitmachen, was tun muß, da gelang es mir, herauszufinden, was zum Beispiel wichtige Informationen für mich und meine Situation sind. Oder ich wurde auch aufmerksamer dafür, was ich aus dem Verhalten anderer lernen kann. Bei mir hat sich noch wenig verändert. Ich mußte erst einmal verstehen, daß ich auch selbst etwas tun muß, daß meine Situation nicht durch andere, sondern überwiegend durch mich selbst geändert werden kann. Erst als mir das klarer wurde, konnten mir auch die anderen in meiner Gruppe mit ihrem Interesse oder ihren Vorschlägen helfen. Vorher habe ich das alles nicht an mich rangelassen.◯◯

Renate K., 29 Jahre, Hausfrau:
◯◯ Bevor ich mit dem Programm anfing, war meine soziale Situation sehr unbefriedigend. Ich fühlte mich in allen Situationen unsicher, starr und abwartend. Mein Ziel, ‚Verantwortung übernehmen, neue Kontakte finden, Freunde gewinnen‘, habe ich

in einem gewissen Ausmaß erreicht. Besonders geholfen hat mir dabei die Klarheit, die ich über meine Situation gewann, und daß ich mein erwünschtes Verhalten systematisch belohnt habe. Vor allem weiß ich jetzt genauer, wieviel von mir selbst abhängt, und daß ich noch mehr erreichen kann. Es bleibt noch viel zu ändern, was ich jetzt durch das Programm klarer sehe. Ich weiß jetzt aber auch, wieviel Zeit und Kraft eine Änderung kostet und daß eine für mich ganz wichtige Unterstützung die Gruppe war, mit der ich zusammen gearbeitet habe. ◯◯

Viele Teilnehmer haben in ihren Berichten darauf hingewiesen, daß ihnen die Zusammenarbeit mit anderen geholfen hat, ihren Änderungsplan durchzusetzen. Insgesamt haben wir den Eindruck, daß diejenigen, die sich gemeinsam mit anderen zu verändern versuchten, ihren Plan eher durchhielten und deutlichere Änderungen erreichten als diejenigen, die ihre Schwierigkeiten allein, ohne Rückmeldung und Anregungen von anderen, bearbeiteten.

Ein strukturiertes, systematisches Vorgehen, wie es in dieser Anleitung vorgeschlagen wird, ist nicht für alle Menschen geeignet. Manche Teilnehmer fühlten sich dadurch eingeschränkt und lehnten es ab:

Wolfgang B., 25 Jahre, Student:
◯◯ Als ich versuchte, meine Schwierigkeiten mit Hilfe des Programms genauer zu analysieren, stellte ich immer wieder fest, daß ich dadurch zwar einige Anregungen bekam (vor allem durch die Hinweise und Fragen der anderen Teilnehmer), aber irgendwie fand ich keinen richtigen Bezug zu dieser Art des Vorgehens. Ich hatte immer wieder den Eindruck, daß die vorgeschlagenen Schemata nicht zu mir und meinem Problem paßten. Seltsamerweise ging es den anderen nicht so. Ich hatte auch den Eindruck, daß ich ihnen mit meinen Fragen, die sich an dem Programm orientierten, helfen konnte. Ich bin dann doch in der Gruppe geblieben und habe durch die Pläne der anderen eine Menge gelernt, wie man vorgehen kann und daß ein verhaltenstherapeutisches Vorgehen auch durchaus wirkungsvoll sein kann. Für mich selbst habe ich mich aber entschieden, daß ich mir auf diese Art über mich selbst nicht klarer werde oder eine Änderung erreiche, weil ich mich gegen dieses Vorgehen innerlich sträube. ◯◯

Manchen Teilnehmern gelang eine direkte Änderung störender Verhaltensweisen zwar nicht, sie machten aber trotzdem wichtige neue Erfahrungen:

Ines L., 35 Jahre, Sekretärin:
◯◯ Rückblickend kann ich sagen, daß für mich vor allem die

genaue Analyse meines Verhaltens wichtig war. Anschließend hatte ich große Schwierigkeiten herauszufinden, was mein erwünschtes Verhalten war. Ich konnte kein Verhalten definieren, das auch erreichbar und realistisch war. Ich war so sehr daran gewöhnt, nur mit einem Alles-oder-Nichts-Prinzip zu denken. Mich hat das sehr entmutigt — alle anderen fingen schon mit ihrem Training an und hatten konkrete Erfolge. Inzwischen sehe ich es anders. Mir hat die Arbeit mit dem Programm geholfen, mir erst einmal klar darüber zu werden, worin meine Schwierigkeiten bestehen. Daß ich Anforderungen zum Beispiel immer aus dem Weg gehe, daß ich es überhaupt nicht gelernt habe, kleine Erfolge zu schätzen. Was dazu führte, daß ich mich mit großen Zielen immer überforderte, sie letztlich nie erreichte und mich immer mies fühlte. Jetzt, wo ich mehr bereit bin, auch kleine Änderungen zu akzeptieren, mich für kleinere Leistungen zu belohnen, möchte ich noch einmal einen Versuch machen, mich systematisch zu verändern. ☺☺

Aus diesen kurzen Stellungnahmen, die wir den Abschlußberichten von Teilnehmern entnommen haben, wird deutlich, daß dieses Anleitungsprogramm Ihnen helfen kann, individuelle Probleme zu klären und zu bearbeiten. Es kann nicht den Anspruch erheben, ungünstige äußere Bedingungen aufzuheben oder gesellschaftliche Strukturen, die möglicherweise individuelle Störungen mitbedingen, zu verändern. Die Beseitigung von individuellen Verhaltensstörungen und Einschränkungen des Lebensraumes erleichtert es allerdings manchen Menschen auch, sich wirkungsvoller für die Veränderung ungünstiger Bedingungen einzusetzen:

Hella R., 25 Jahre, Studentin:
☺☺ *Zunächst hat es mich gestört, daß diese Programme eigentlich sehr individualistisch sind. Sie beseitigen bestimmte Störungen, aber eben nicht die gesellschaftlichen Ursachen. Das sehe ich auch immer noch so. Aber ich sehe auch, daß das Überwinden solcher persönlichen Beeinträchtigungen mir zum Beispiel einen ganz anderen Aktionsradius gibt, mir hilft, mich viel direkter für Ziele und Interessen einzusetzen. Dadurch, daß ich mich jetzt auch freier in größeren Gruppen äußern kann, ist es mir eigentlich das erstemal in meinem Leben möglich, mich auch konsequent für bestimmte Interessen einzusetzen. Vorher habe ich immer nur gedacht: Das ist doch wichtig, das und das durchzusetzen. Und heute schaffe ich es eben, mich vor die anderen zu stellen und mich direkt für Ziele mit einzusetzen oder bestimmte Zusammenhänge zu erklären.* ☺☺

Wenn Sie nun Interesse daran haben, ein persönliches Problem mit Hilfe dieses Programms zu bearbeiten, empfehlen wir Ihnen folgendes Vorgehen:

◯ Lassen Sie sich zunächst noch etwas anregen durch die Teilnehmerberichte im Anhang (Seite 174—187).

◯ Versuchen Sie dann, sich an Hand des Inhaltsverzeichnisses, des verhaltenstherapeutischen Arbeitsplanes und durch Blättern in dem Programm einen Überblick über den Aufbau zu verschaffen.

◯ Arbeiten Sie danach systematisch ein Kapitel nach dem anderen durch, und füllen Sie die dazugehörigen Arbeitsblätter aus. Es mag für Sie praktisch sein, von einigen Arbeitsblättern Durchschläge anzufertigen oder sie generell auf ein größeres Format zu übertragen. Die Arbeitsblätter und alle sich dabei ergebenden Fragen sollten Sie mit Freunden, Bekannten oder besser noch mit einer Gruppe durchsprechen, deren Mitglieder wie Sie den Wunsch haben, sich zu verändern. Einige Anregungen, wie Sie eine solche Gruppe finden, geben wir Ihnen auf Seite 145.

Wenn Sie in erster Linie einen Einblick in verhaltenstherapeutische Strategien und effektive Selbstkontrolltechniken gewinnen wollen, sind vermutlich besonders die Informationen über grundlegende Lernprozesse (Kapitel 2) und Interventionstechniken (Kapitel 5, 6, 7) sowie der Nachweis der einschlägigen Forschungsliteratur (Seite 188—190) für Sie interessant.

In einigen Fällen haben Teilnehmer geäußert, daß es ihnen nach der Bearbeitung des Programms schlechter ging. Sie haben dann entweder die Bearbeitung aufgegeben oder fachliche, therapeutische Hilfe gesucht. Falls Sie den Eindruck haben, daß Sie eine Veränderung allein mit Hilfe des Programms nicht erreichen, dann nutzen Sie die Hinweise auf Seite 148, wie Sie fachliche Hilfe finden können.

Am Ende des Programms (Seite 166—170) finden Sie eine Anleitung, zu überprüfen, in welchem Ausmaß Sie sich in Verhalten und Einstellung verändert haben und was Sie über Verhaltensänderung gelernt haben. Sie sollten diese Ergebnisse auch dann für sich abklären, wenn Sie das Programm nicht ganz systematisch durchgearbeitet haben.

Kapitel 1
Schwierigkeiten und Probleme

In diesem Kapitel wollen wir Sie anregen, über sich selbst nachzudenken. Sie finden Hinweise, die Ihnen erkennen helfen, wie Verhaltensschwierigkeiten entstehen und was Sie an Ihrem eigenen Leben stört, welche Probleme und Schwierigkeiten Sie zur Zeit belasten.

Ihre Einstellung zu sich und Ihren Problemen

Die Beschäftigung mit Menschen, mit ihren Problemen und Schwierigkeiten zeigt, daß nahezu jeder von uns — unabhängig von Alter und Vorkenntnissen — fähig ist, sich zu entwickeln und zu verändern. Bei manchen Menschen kann diese Kraft zur Veränderung so verdeckt sein, daß sie zu ihrer Freisetzung Unterstützung brauchen.

Es gibt verschiedene Möglichkeiten, Gefühle von Niedergeschlagenheit über unser Leben und eigene Verhaltensschwierigkeiten zu vermindern. Wichtig ist jedoch immer, daß wir uns zunächst klarzuwerden versuchen, was uns eigentlich stört, beunruhigt, ärgert. Dieser erste Schritt, klar zu benennen, was uns belastet, ist jedoch oft sehr schwierig. Meist haben wir uns längere Zeit bemüht, unsere Probleme zu übersehen oder sie zu vergessen.

Es kann eine Hilfe für Sie sein, wenn Sie zunächst einmal überlegen, welche Erwartungen Sie im Augenblick an sich und Ihre Möglichkeiten der Veränderung stellen.

Auf der folgenden Seite finden Sie einige Fragen, die Ihnen helfen sollen, Ihre Einstellung zu sich und Ihren Problemen genauer kennenzulernen. Antworten Sie möglichst schnell, ohne viel nachzudenken, ganz spontan. Machen Sie entweder bei „ja" oder „nein" ein Kreuz, ganz wie es für Sie zutrifft. Manchmal fällt es schwer, Probleme zuzugeben oder sich bei Einstellungen so festzulegen. Versuchen Sie trotzdem, so ehrlich wie möglich sich selbst gegenüber zu sein. Auf diese Fragen gibt es keine richtigen oder falschen Antworten; sie sind jedoch eine Möglichkeit, sich selbst genauer zu beurteilen.

Auf Seite 22 finden Sie dann die Auswertung Ihrer Antworten und Anregungen, weiter darüber nachzudenken.

Arbeitsblatt 1   Wie ich zu Problemen stehe

(1) Wenn ich Schwierigkeiten habe, überlege ich meistens, wodurch sie entstanden sind und wie ich sie ändern kann.   ja   nein (1)

(2) Ich glaube, daß ich eine natürliche Fähigkeit habe, mit Problemen und Schwierigkeiten fertig zu werden, wenn ich es nur versuche.   ja   nein (2)

(3) Wenn ich Probleme habe, denke ich meist: Dagegen kann man ja doch nichts tun; das mußte ja so kommen.   ja   nein (3)

(4) Ich glaube, daß ich durch meine Erziehung und Vergangenheit in meinen zukünftigen Möglichkeiten sehr festgelegt bin.   ja   nein (4)

(5) Wenn ich Probleme habe, überlege ich meist, was ich tun kann, um wieder klarzukommen.   ja   nein (5)

(6) Auch wenn manche Situationen schwierig sind, bin ich doch sicher, daß ich Möglichkeiten finden werde, um sie zu meistern.   ja   nein (6)

(7) Ich möchte oft an mir oder meiner Umwelt etwas ändern, aber ich bin sicher, daß ich es doch nicht verwirklichen kann.   ja   nein (7)

(8) Wenn ich Schwierigkeiten habe, dann warte ich erst mal ab in der Hoffnung, daß sich die Dinge von selbst regeln.   ja   nein (8)

(9) Ich glaube, daß ich Möglichkeiten habe, mein Leben und mein Verhalten zu ändern.   ja   nein (9)

(10) Bei Schwierigkeiten warte ich, bis andere sie für mich lösen.   ja   nein (10)

(11) Ganz egal, was ich tue, etwas Entscheidendes kann ich doch nicht mehr an mir ändern.   ja   nein (11)

(12) Wenn ich Probleme habe, versuche ich meist etwas zu tun, um sie zu lösen.   ja   nein (12)

(13) Man muß im Grunde alles nehmen, wie es kommt, denn man kann selbst ja doch nicht viel verändern.   ja   nein (13)

(14) Wenn ich Schwierigkeiten habe, versuche ich meistens, sie möglichst schnell zu regeln.   ja   nein (14)

Um diese Fragen nun für sich auszuwerten, knicken Sie bitte die vorherige Seite an der gepunkteten Linie so um, daß Sie die Nummer der Frage und die Antwortmöglichkeiten sehen können (zum Beispiel 3, ja, nein).

1	2	5	6	9	12	14
							=

Wenn Sie diese Fragen mit „ja" beantwortet haben, erhalten Sie jeweils 1 Punkt. Haben Sie mit „nein" geantwortet, erhalten Sie 0 Punkte. Tragen Sie diese Punkte unter den betreffenden Nummern in das Kästchen ein. Zählen Sie Ihre Punkte zusammen, und halten Sie sie im Ergebnis-Kästchen fest.

3	4	7	8	10	11	13
							=

Wenn Sie diese Fragen mit „nein" beantwortet haben, erhalten Sie jeweils 1 Punkt. Haben Sie mit „ja" geantwortet, erhalten Sie 0 Punkte. Tragen Sie diese Punkte unter den betreffenden Nummern in die Kästchen ein. Zählen Sie Ihre Punkte zusammen, und halten Sie sie im Ergebnis-Kästchen fest. Und jetzt zählen Sie bitte die Zahlen aus beiden Ergebnis-Kästchen zusammen. Sie haben also insgesamt _____ Punkte bekommen.

◯Wenn Sie eine hohe Punktzahl haben (8—14 Punkte), dann sehen Sie sich und Ihre Möglichkeiten eher optimistisch. Sie haben Vertrauen zu sich und Ihren Fähigkeiten, mit dem Leben, mit Problemen und Schwierigkeiten fertig zu werden. Sie fühlen sich weitgehend frei, Ihr Leben selbst zu bestimmen, sich selbst und Ihr Verhalten nach Ihren Zielen zu verändern. Mit auftauchenden Schwierigkeiten setzen Sie sich aktiv auseinander. Sie sind zuversichtlich und sicher im Suchen nach Gründen und Lösungsmöglichkeiten, um Probleme anzugehen und zu bewältigen.

So wie Sie Ihre Probleme sehen, wird es Ihnen sicher leichtfallen, dieses Programm erfolgreich zu nutzen. Es wird Ihnen vermutlich konkrete Hilfen und Anregungen geben, nach denen Sie vorgehen und die Sie direkt auf sich selbst anwenden können.

◯Wenn Sie eine niedrige Punktzahl haben (0—7 Punkte), dann neigen Sie eher zu der Einstellung, daß Sie durch Ihre Erziehung, Ihre Umwelt und durch vergangene Erfahrungen weitgehend festgelegt sind. Sie schätzen Ihre Möglichkeiten, etwas in Ihrem Leben oder an sich selbst zu verändern, eher gering ein. Schwierigkeiten und Probleme machen Sie leicht mutlos. Für Sie ist es oft schwierig, etwas dagegen zu tun. Sie warten lieber ab, was geschieht, oder Sie hoffen, daß andere Ihnen helfen, Ihre Probleme zu regeln. Vermutlich wird Sie das Anleitungsprogramm zunächst darin unterstützen, Ihre Einstellung zu sich und Ihren Schwierigkeiten zu überdenken. Das allmähliche Kennenlernen Ihrer Situation kann Sie ermutigen, eine Veränderung in Ihrem Verhalten einmal zu versuchen, Sie schätzen durch diese Erfahrung Ihre Möglichkeiten dann wohl anders ein. Vermutlich fällt es Ihnen bei einer höheren Punktzahl leichter, Ihre Probleme mit Hilfe des Anleitungsprogramms selbständig zu bearbeiten, als bei einer niedrigeren Punktzahl. Es hat sich jedoch insgesamt als sinnvoll erwiesen, mit anderen zusammenzuarbeiten, die dasselbe Ziel anstreben, da sich auftauchende Schwierigkeiten gemeinsam oft schneller lösen lassen. Näheres darüber, wie Sie sich einer Gruppe anschließen können, finden Sie in Kapitel 8 → Seite 145.

Wie Sie Probleme beurteilen können

Vielen von uns ist die Ansicht vertraut, daß seelische Schwierigkeiten ganz ähnlich entstehen wie körperliche Krankheiten. Was bei seelischen Beeinträchtigungen, bei Problemen im Verhaltens- und Empfindungsbereich als „gesund" oder „krank" gilt, ist jedoch in den meisten Fällen eine Frage der sozialen Normen und der Bewertung, an die wir gewöhnt sind. Besonders deutlich wird das im Bereich der Sexualität: Für die ägyptischen Pharaonen war es ganz selbstverständlich, daß ihre leibliche Schwester die ihnen vorgeschriebene Gattin war. Hat heute ein Mann den Wunsch, seine Schwester zu heiraten, so wird er sehr schnell als krank und gestört angesehen. Zu Beginn unseres Jahrhunderts galt der Gedanke daran, daß auch Kinder sexuelle Empfindungen haben, als völlig abwegig. Als Sigmund Freud seine Überlegungen und Beobachtungen zur kindlichen Sexualität öffentlich aussprach, wurde er diffamiert, als psychisch krank und pervers bezeichnet. Heute sind viele Eltern darüber informiert, daß es eine kindliche Sexualität gibt; sie halten deshalb Masturbieren bei ihren Kindern für etwas Natürliches und sind nicht beunruhigt, wenn sie es entdecken. Andere Eltern, die davon ausgehen, daß sexuelle Empfindungen und Aktivitäten erst mit der Pubertät auftreten, empfinden dies bei jüngeren Kindern als anomal und krankhaft und bestrafen sie deshalb. Im antiken Griechenland war die gleichgeschlechtliche Liebe eine akzeptierte Form der Erotik und Sexualität. In unserer Kultur wurde sie lange als krankhafte Perversion gewertet und unter strenge Strafe gestellt. In den letzten Jahren zeigt sich jedoch eine Tendenz, Homosexualität als eine Form des sexuellen Verhaltens zu akzeptieren und nicht mehr zu bestrafen. Von vielen Menschen wird Homosexualität jedoch immer noch als Abweichung vom „richtigen" sexuellen Verhalten empfunden, das sich in unserer Kultur auf andersgeschlechtliche Partner auszurichten hat. Noch vor einigen Jahrzehnten hielt man es für naturgegeben, daß Frauen nur eine geringe sexuelle Empfindungsfähigkeit haben. Informationen darüber, daß die sexuellen Empfindungsmöglichkeiten von Männern und Frauen ähnlich sind, haben Erwartungen, Einstellungen und Verhaltensweisen beeinflußt und deutlich verändert. Frauen fühlen sich einerseits befreit, teilweise jedoch auch beunruhigt, wenn sie bemerken, daß sie selbst bestimmte Empfindungen nicht spüren, über die berichtet wird; Männer reagieren ebenfalls verunsichert auf neue Erwartungen.

Heute wissen wir, daß viele Verhaltensstörungen und seelische Beeinträchtigungen — nicht nur im Bereich der Sexualität — gelernt sind. Wir wissen, daß sie von bestimmten gesellschaftlichen Bedingungen, Erziehungsstilen und Lebenssituationen verursacht werden. Verhaltensschwierigkeiten werden genauso gelernt wie andere Verhaltensweisen, jedoch von Menschen in unserer Umgebung oder auch von uns selbst meist anders bewertet.

Verhaltensweisen und Empfindungen, die uns selbst oder andere stören, hängen in vielen Fällen mit ungünstigen Bedingungen zusammen, unter denen wir aufgewachsen sind. Es kann sein, daß wir nicht genug liebevolle Zuwendung erlebt haben, daß wir zu häufig kritisiert wurden und uns bedroht fühlten. Das hat uns ängstlich und verzagt gemacht oder auch trotzig und aggressiv gegen andere. Es kann aber auch sein, daß uns ein Übermaß von Sorge und Zuwendung behindert hat, daß uns immer alles abgenommen wurde. So konnten wir nicht lernen, selbständig zu werden, Aufgaben zu erfüllen, Grenzen einzuhalten.

Manchmal ändern sich Lebensumstände, und wir finden uns in Situationen wieder, die Anforderungen an uns stellen, denen wir uns nicht gewachsen fühlen, für die wir kein angemessenes Verhalten gelernt haben. Manchmal wachsen uns diese Probleme über den Kopf und schränken unser Leben und unsere Bewegungsfreiheit stark ein. Dann kann es eine Erleichterung sein, wenn wir uns klarmachen, daß Verhaltensweisen, Einstellungen, Ängste, Erwartungen gelernt sind, daß sie auch wieder verlernt werden können und daß wir Neues dazulernen können. Das Gefühl von Ausweglosigkeit, Hilflosigkeit und Schuld vermindert sich in dem Ausmaß, in dem uns durch Nachdenken, Gespräche oder bestimmte Hinweise bewußt wird, daß unsere Situation, unser Verhalten, unsere Einstellungen veränderbar sind und daß wir Umlernprozesse teilweise selbst einleiten und fördern können.

Wenn Sie den Wunsch haben, etwas zu verändern — sei es, daß Sie unabhängiger von Normen und Erwartungen werden oder den Erwartungen anderer mehr entsprechen wollen —, so sollten Sie zunächst einmal überlegen, was Sie eigentlich stört und belastet, welche Probleme Sie mit sich und Ihrer Umwelt haben.

**Arbeitsblatt 2   Probleme und Schwierigkeiten, die mich belasten
(Beispiel)**

Schreiben Sie alle Probleme, Schwierigkeiten, Verhaltensweisen,
die Sie stören, auf.
Schreiben Sie ruhig alles auf, was Ihnen einfällt, auch wenn es
Ihnen im Moment nicht so wichtig erscheint.

*Ich möchte insgesamt selbstsicherer werden und
Hemmungen verlieren.*

*Ich habe große Angst davor, mich in Gruppen zu
äußern, in denen mehr als 6 Personen sind.*

*Es stört mich, daß ich so oft rot werde, wenn etwas
erzählt wird, das mir peinlich oder unangenehm ist
(sexuelle Themen).*

O *Seit 3 Jahren habe ich ca. 10 kg Übergewicht — vor
allem wohl, weil ich sehr gern Süßigkeiten esse.*

X *In Beziehungen mit Männern (Freunden, Kollegen)
kann ich mich schlecht durchsetzen, gebe schnell
nach, bin insgesamt eher schüchtern.*

*Bei der Arbeit bin ich oft unkonzentriert, schaffe
wenig.*

*Seit 5 Jahren war ich nicht mehr beim Zahnarzt. Ich
habe große Angst vor der gesamten Situation
(schon beim Gedanken daran).*

Überlegen Sie bei jedem der aufgeführten Probleme und Schwierigkeiten, wie stark Sie sich dadurch gestört fühlen: Etwas = 1,
stark = 2, sehr stark = 3. Schreiben Sie diese Zahlen jeweils vor
das Problem.
Machen Sie ein Kreuz vor das Problem, das Sie am ehesten verändern möchten. Machen Sie einen Kreis vor das Problem, von
dem Sie annehmen, daß Sie es am leichtesten verändern können.

Arbeitsblatt 2   Probleme und Schwierigkeiten, die mich belasten

Schreiben Sie alle Probleme, Schwierigkeiten, Verhaltensweisen,
die Sie stören, auf.
Schreiben Sie ruhig alles auf, was Ihnen einfällt, auch wenn es
Ihnen im Moment nicht so wichtig erscheint.

Überlegen Sie bei jedem der aufgeführten Probleme und Schwierigkeiten, wie stark Sie sich dadurch gestört fühlen: Etwas = 1,
stark = 2, sehr stark = 3. Schreiben Sie diese Zahlen jeweils vor
das Problem.
Machen Sie ein Kreuz vor das Problem, das Sie am ehesten verändern möchten. Machen Sie einen Kreis vor das Problem, von
dem Sie annehmen, daß Sie es am leichtesten verändern können.

Kapitel 2

Verhalten ist gelernt, kann verlernt und neu gelernt werden

In diesem Kapitel möchten wir Sie mit den wichtigsten lerntheoretischen Prinzipien vertraut machen. Sie werden so leichter verstehen, wie Sie bestimmte Verhaltensweisen erworben haben und wie es kommt, daß wir auch störende Verhaltensweisen oft so lange beibehalten. Die Kenntnis der Lernprinzipien ist eine wichtige Voraussetzung für die gezielte und erfolgreiche Bearbeitung von Problemen, die Sie mit sich und Ihrer Umwelt haben. Am Ende des Kapitels können Sie kontrollieren, ob Sie die Lernprinzipien verstanden haben und anwenden können. Außerdem finden Sie Hinweise, die Ihnen bei der Auswahl eines Problems helfen, das für Sie wichtig ist und mit diesem Anleitungsprogramm verändert werden kann.

Angeboren und erworben

Menschen unterscheiden sich von anderen Lebewesen dadurch, daß sie hinsichtlich bestimmter Merkmale weniger durch ihre Erbanlagen festgelegt sind; Menschen können sehr viele Eigenarten und Verhaltensweisen durch Lernen erwerben. Die Fähigkeit zu lernen hat dem Menschen in seiner kulturgeschichtlichen Entwicklung ermöglicht, sich an verschie-

denartige Umweltsituationen anzupassen. Wir können diese Fähigkeit bei Kindern und bei uns selbst immer wieder beobachten. In einigen Merkmalen sind wir stärker durch Erbanlagen festgelegt, andere erwerben wir vorwiegend durch Lernvorgänge:

◯ Festgelegt durch Erbanlagen sind zum Beispiel: Sexualtrieb, Geschlecht, Augenfarbe.

◯ Teilweise festgelegt, aber beeinflußbar sind Eigenschaften, wie Körperbau und Verstand: Unsere intellektuellen Fähigkeiten werden durch Erziehung und Ausbildung, unsere Konstitution wird durch Lebensumstände und Ernährungsgewohnheiten mitbestimmt.

◯ Fast ausschließlich durch Lernvorgänge erwerben wir motorische Bewegungsabläufe (Gehen, Autofahren, Tanzen), auch Gefühle und Empfindungen (Freude, Ärger, Angst in bestimmten Situationen) und Bewertungen, Vorlieben, Normen (etwas gut oder schlecht finden, Gebote achten). Solche Fähigkeiten bilden wir im Zusammenhang mit bestimmten Reifungsvorgängen und Umweltbedingungen aus. Wir können sie teilweise wieder verlernen — und wir können neue Fähigkeiten und Verhaltensweisen hinzulernen.

Ich spreche schlecht englisch.	Du sprichst fließend Englisch.
Ich kleide mich gern elegant.	Du legst wenig Wert auf dein Äußeres.
Ich habe Angst beim Schwimmen.	Du hast Angst vorm Fliegen.
Ich werde unsicher, wenn mich jemand kritisiert.	Du ärgerst dich über schüchterne Menschen.
Ich schaffe es nicht, einen Materialfehler zu reklamieren.	Du beschwerst dich auch in einem vornehmen Restaurant.
Ich bin sexuell nicht so schnell erregbar.	Du bist sexuell sehr stark erregbar.
Ich glaube nicht an Gott.	Du glaubst an Gott.

Wir haben zusammen gespielt.
Wir sind zusammen zur Schule gegangen.
Wir sind auch jetzt noch befreundet.
Wir sehen gern Western und Krimis.
Wir interessieren uns für Fußball.

In vielen Dingen sind wir uns ähnlich.	In vielen Dingen sind wir ganz verschieden.

Noch stärkere Unterschiede entdecken wir oft, wenn wir uns mit Menschen vergleichen, die eine ganz andere Schul- und Berufsausbildung haben oder in einer völlig anderen Umwelt aufgewachsen sind — in einem anderen Milieu (einem kleinen Dorf), einem anderen Land (Amerika), in einer anderen Kultur (China). Unterschiede und Ähnlichkeiten zwischen Menschen sind nur zu einem geringen Teil erklärbar durch die Erbanlagen. Vielmehr ergeben sich die meisten Unterschiede und Gemeinsamkeiten bei Menschen — im Hinblick auf ihr Verhalten, ihre Fähigkeiten, ihre Einstellungen, ihre Wertmaßstäbe, ihre Gefühle — dadurch,

◯ daß sie mit unterschiedlichen/ ähnlichen Bedingungen (Signalreizen, Konsequenzen) konfrontiert werden,

◯ daß sie in unterschiedlichen/ ähnlichen Verhaltensweisen bekräftigt werden,

◯ daß sie unterschiedliche/ähnliche Modelle beobachten und nachahmen.

Reaktionen auf Signalreize*

Auf bestimmte Signalreize reagiert jeder Mensch normalerweise ganz reflexartig:
Jemand hinter mir knallt mit Wucht ein Buch auf den Tisch. Ich spanne mich an, drehe mich um, habe ganz kurz ein unbehagliches Gefühl.
Der Arzt gibt mir einen Schlag auf die Kniescheibe. Mein Bein streckt sich.
Ein Grashalm kitzelt meine Nase. Ich muß niesen.
Ich sehe etwas, was mir besonders gut schmeckt. Ich spüre, wie sich in meinem Mund Speichel ansammelt.
Mein Freund streichelt mich zärtlich. Ich fühle mich wohl, ich entspanne mich, ich spüre, wie meine Scheide feucht wird.
Meine Freundin streichelt mich zärtlich. Ich fühle mich wohl, ich entspanne mich, ich spüre, wie sich mein Glied aufrichtet.
Wenn Reize, die an sich nicht unangenehm sind, oft gleichzeitig auftreten mit unangenehmen, angstauslösenden Signalreizen, dann lösen sie allmählich ebenfalls Angst in uns aus.

Der dreijährige Albert streichelt das weiche Fell seines Kaninchens. Plötzlich hört er einen lauten Ton und erschrickt. Das passiert noch ein paarmal: Er streichelt das weiche Fell, er hört den lauten Ton und erschrickt. Dann hat er auf einmal Angst, wenn er das weiche Fell berührt.

Hanno streichelt sein Glied. Er hat ein angenehmes Gefühl dabei. Die Mutter sieht das, sie gibt ihm einen Klaps auf die Hand und sagt: ,Das ist böse, das darfst du nicht.' Jedesmal, wenn die Mutter sieht, daß Hanno sein Glied streichelt, gibt sie ihm einen Klaps und sagt: ,Das ist böse.' Allmählich fühlt sich Hanno unbehaglich, wenn er sein Glied streichelt, und er denkt: ,Das ist böse!'

Durch die Koppelung von unangenehmen Signalreizen mit zunächst neutralen Reizen lernen wir, Furcht und Unbehagen vor vielen Dingen zu empfinden. Manchmal entsteht ein Unbehagen oder eine Angst durch eine Reihe von Erlebnissen. Manchmal genügt ein einziges Ereignis, um eine starke, langandauernde Angst in uns auszulösen.

Als kleines Kind hat mich einmal eine Katze angesprungen. Dadurch, daß es so plötzlich kam, habe ich mich furchtbar erschrokken. Noch heute gehe ich nicht zu Leuten, die Katzen haben, in die Wohnung. Ich lehne solche Leute überhaupt immer etwas ab.

Durch die Verbindung von unangenehmen Erfahrungen mit neutralen Reizen können wir die unterschiedlichsten Ängste lernen:
Wir haben Angst vor Hunden,
vor großen Höhen,
davor, Fehler zu machen,

---

* Wissenschaftlicher Begriff: Klassische Konditionierung

30

davor, jemandem zu sagen, daß wir ihn mögen,
vor sexuellen Begegnungen.
Denn diese Ereignisse signalisieren:
Du wirst gebissen, das tut weh!
Du fällst runter und fällst und fällst!
Du blamierst dich, alle lachen dich aus!
Du wirst zurückgestoßen oder verletzt!
Du tust etwas Schlechtes. Oder:
Du wirst versagen. Oder: Es wird doch wieder eine Enttäuschung.

Sehr häufig versuchen Menschen ihre Ängste dadurch zu bewältigen, daß sie ein Vermeidungsverhalten ausbilden.
Um uns unangenehme Erfahrungen zu ersparen und um nicht unseren Ängsten ausgeliefert zu sein, versuchen wir diejenigen Situationen zu vermeiden, in denen die Signalreize auftreten könnten, die unsere Angst auslösen:
Wir gehen nirgends mehr hin, wo Hunde sein könnten.
Wir übernehmen keine Aufgaben, bei denen wir Fehler machen könnten.
Wir melden uns nicht zur Prüfung.
Wir gehen Menschen, die wir mögen, aus dem Weg.
Wenn wir alle Situationen vermeiden, in denen die angstauslösenden Signalreize auftreten könnten, haben wir gleichzeitig keine Möglichkeit zu überprüfen, ob unsere Befürchtung auch wirklich eintritt.

Wir haben Angst davor, gebissen zu werden, aber wir erleben nicht, ob wir wirklich gebissen werden.
Wir befürchten, kritisiert zu werden, aber wir haben keine Möglichkeit, herauszufinden, ob man uns wirklich kritisiert, weil wir alle Situationen vermeiden, in denen möglicherweise Kritik geäußert werden könnte.
Vermeidungsverhalten verhindert das Verlernen und den Abbau von Ängsten. Durch Vermeidungsverhalten können sich Ängste verfestigen und der Lebens- und Verhaltensspielraum von Menschen stark eingeschränkt werden.

Ängste können durch die Koppelung von unangenehmen, beängstigenden Signalreizen und zunächst neutralen Reizen entstehen. Durch zufällige oder systematische und häufige Koppelungen entwickeln sich inhaltlich sehr verschiedenartige Ängste. Durch Vermeiden der angstauslösenden Signale können sich solche Ängste verfestigen.

Lernen durch Bekräftigung*

Wenn auf unser Verhalten ein für uns angenehmer Zustand folgt, so wird dieses Verhalten dadurch bekräftigt und tritt in Zukunft mit größerer Wahrscheinlichkeit auf:

Heiner ist traurig und weint. Sein Luftballon ist zerplatzt. Die Mutter tröstet ihn mit einem Stück Schokolade. Das schmeckt. Heiner baut einen Turm; der Turm fällt um. Heiner ist traurig und fängt an zu weinen. Die Mutter tröstet ihn mit einem Stück Schokolade. Immer, wenn ihm etwas nicht gelingt, fängt Heiner an zu weinen und wartet auf das Stück Schokolade, mit dem die Mutter ihn tröstet. Manchmal weint er auch, wenn alles in Ordnung ist. Heiners Weinen wird durch die Schokolade, über die er sich freut, bekräftigt. Heiner weint allmählich häufiger.

Klaus kommt dazu, wie die Mutter seinen kleinen Bruder badet. Er darf dabei helfen und den Kleinen in der Wanne halten. Es macht ihm Spaß, wie der Kleine lacht und daß die Mutter sich über seine Hilfe freut. Am nächsten Tag hilft er wieder, den kleinen Bruder zu versorgen. Die Freude des kleinen Bruders und seiner Mutter bekräftigt das hilfsbereite Verhalten von Klaus.

Herr und Frau S. sind zu einer Party eingeladen. Frau S. hat etwas Angst, sie kennt niemanden von den anderen Gästen. Herr S. mixt ihr einen starken Drink und sagt: ‚Trink das, dann geht es besser!' Und Frau S. hat tatsächlich das Gefühl, freier und gelöster zu sein. Auch vor der nächsten Party helfen ihr ein paar Drinks, ihre Angst vor den fremden Menschen zu vergessen, sich leicht und unbeschwert zu fühlen. Bei Frau S. wird das Trinken von Alkohol dadurch bekräftigt, daß es ihr die Angst vor Fremden nimmt.

Unser Verhalten kann durch verschiedene Dinge und Ereignisse bekräftigt werden:

○ durch materielle Belohnung (Dinge, die uns wichtig sind — Geld, Schokolade, Platten, Getränke),

○ durch soziale Zuwendung (Lächeln, Lob, Freundlichkeit von anderen),

○ durch uns selbst (wenn wir mit uns zufrieden sind, wenn wir uns selbst loben können),

○ durch das Aufhören eines unangenehmen Zustands (wenn unsere Zahnschmerzen nach dem Gang zum Zahnarzt verschwunden sind, kann dieses Erlebnis fördern, daß wir sofort bei Beschwerden den Zahnarzt aufsuchen).

Oft tritt ein Verhalten, das unter bestimmten Bedingungen bekräftigt wurde, auch in anderen, ähnlichen Situationen auf:

---

* Wissenschaftlicher Begriff: operante (instrumentelle) Konditionierung

Heiner weint auch in Situationen, in denen alles in Ordnung ist.
Klaus ist auch gegenüber anderen Menschen hilfsbereit.
Frau S. beginnt auch zu trinken, wenn sie eine unangenehme Sache bei der Behörde zu erledigen hat, wenn sie Ärger im Büro hat, wenn sie keine Lust hat, zur Arbeit zu gehen, denn es erleichtert sie.

Menschen können individuell sehr verschiedene Dinge angenehm finden:

Frau H. ist es sehr wichtig, daß ihre Kinder in der Schule gute Zensuren haben.
Herr H. ißt furchtbar gern Eisbein.
Manuela freut sich, wenn die Jungen hinter ihr herpfeifen.
Klaus liest gern vor dem Einschlafen noch in einem Krimi.

In verschiedenen Situationen können unterschiedliche Dinge für uns angenehm oder bedeutungslos sein:

Wenn ich gerade zwei Tafeln Schokolade gegessen habe, freue ich mich nicht, wenn mir jemand ein Stück Schokolade anbietet.
Wenn ich einsam und traurig bin, freue ich mich über jeden Anruf.
Wenn ich abgehetzt vom Büro komme, ärgert es mich, wenn Leute anrufen und mich beim Fernsehen stören.

„Früher war ich ziemlich ängstlich und schüchtern. Da war es sehr wichtig für mich zu wissen, was andere von mir dachten, daß sie mich mochten. Heute ist es mir nicht mehr so wichtig, was andere über mich denken. Entscheidender ist, daß ich mit mir zufrieden sein kann.“

Durch Bekräftigung können inhaltlich sehr verschiedene Verhaltensweisen gefördert werden:

Hans freut sich, wenn seine Mutter ihn lobt. Sie lobt ihn vor allen Dingen, wenn er gute Zensuren nach Hause bringt. Wenn er sich anderen Kindern gegenüber kameradschaftlich verhält, beachtet sie das nicht besonders.
Hanno freut sich, wenn andere Kinder ihn beachten. Die anderen lachen über ihn, wenn er beim Unterricht Faxen macht; wenn er einmal ernsthaft mit ihnen reden möchte, sind sie nicht an ihm interessiert.
Herr S. hat ein großes Bedürfnis nach materieller Sicherheit. Ein gutes Gehalt bedeutet ihm viel. Er wird dafür bezahlt, daß er andere straff kontrolliert.
Frau H. freut sich, wenn man bemerkt, wie perfekt und sauber sie ihren Haushalt führt.
Frau K. schätzt es, wenn man ihren beruflichen Erfolg anerkennt.
Frau N. macht es froh, wenn Männer sie charmant und sexy finden.

Verhaltensweisen, die häufig bekräftigt werden, treten eher auf als solche, die selten bekräftigt werden:

Wenn Elke mit ihren Puppen spielt, lobt die Mutter sie häufig: ‚Das ist aber nett, wie du deine Puppe angezogen hast.‘

Wenn Elke mit dem technischen Baukasten spielt, wird sie nur selten gelobt. Wenn ihr Bruder dagegen mit dem Baukasten bastelt, lobt ihn die Mutter oft wegen seiner Geschicklichkeit; wenn er mit Elkes Puppen spielt, lobt sie ihn nicht. Die anderen Erwachsenen verhalten sich ähnlich. Allmählich ist Elke immer weniger an den technischen Spielsachen des Bruders interessiert, und er kümmert sich nicht um ihre Puppen. ✌✌

Wenn auf ein Verhalten die erwartete und gewohnte Bekräftigung überhaupt nicht mehr folgt, tritt es allmählich seltener auf und kann so verlernt — gelöscht — werden:
Wenn Heiner keine Schokolade mehr bekommt, wenn er weint, wird er allmählich seltener weinen. Wenn ich für meine Arbeit nicht mehr bezahlt werde, höre ich auf zu arbeiten.
Verhaltensweisen, für die wir uns selbst bekräftigen, bleiben erhalten, auch wenn die äußere Bekräftigung entfällt:
Elke macht es Spaß, mit ihren Puppen zu spielen, sie beschäftigt sich mit ihnen, auch wenn die Mutter sie allmählich nicht mehr dafür lobt. Auch wenn die Mutter Klaus nicht mehr für seine Hilfsbereitschaft lobt, kann es ihm weiter Freude machen, den kleinen Bruder zu baden. Der Spaß dabei und die Zufriedenheit mit sich halten jetzt sein hilfsbereites Verhalten aufrecht.

Wenn ich mit bestimmten Verhaltensweisen bei mir einverstanden bin, hat das Lob von anderen eine nicht so große Bedeutung; ich zeige dies Verhalten auch unabhängig vom Lob der anderen. Die meisten Menschen haben sowohl Verhaltensweisen, die durch Selbstbekräftigung aufrechterhalten werden, als auch Verhaltensweisen, die durch regelmäßige materielle Belohnung oder soziale Anerkennung aufrechterhalten werden.

Folgt auf ein Verhalten ein angenehmer Zustand (materielle Belohnung, soziale Zuwendung, Beendigung eines unangenehmen Zustandes), so wird es dadurch bekräftigt und tritt in Zukunft mit größerer Wahrscheinlichkeit auf. Durch regelmäßige Bekräftigung kann ein Verhalten gefördert und aufrechterhalten werden. Durch Entzug der Bekräftigung wird es gelöscht.

Lernen durch Bestrafung

Durch Bestrafung kann ein unerwünschtes oder gefährliches Verhalten sehr schnell unterdrückt werden:

Ich fahre mit 80 Stundenkilometern durch eine Ortschaft. Ein Polizist hält mich an und schreibt ein Strafmandat. Ich fahre mit vorgeschriebenem Tempo weiter.

Hanno schreibt bei einer Klassenarbeit von Irene ab. Die Lehrerin verwarnt ihn und droht, sein Heft einzuziehen. Hanno blickt jetzt nur noch auf sein Heft.

Kuno fühlt sich sehr einsam, bis er entdeckt, daß die Menschen sich für ihn interessieren, wenn er Geld hat. Sie sprechen mit ihm, wenn er einen ausgibt. Und Kuno ist glücklich, bis die Polizei ihn bei einem seiner Diebstähle erwischt, mit denen er das notwendige Geld beschafft. Er wird abgeführt und verurteilt.

Das unerwünschte Verhalten wird durch Bestrafung oder die Drohung mit Strafe zwar kurzfristig unterdrückt, jedoch nicht dauerhaft beseitigt. Oft lernen wir nur, die Bestrafung geschickter zu vermeiden: Wir achten genauer auf Polizisten und Radarkontrollen; wir lernen, unauffälliger abzuschreiben oder das Finanzamt zu hintergehen.

Durch Bestrafung lernen wir kein angemesseneres, günstigeres Verhalten:

Durch Haftstrafe lernt niemand, wie er auf angemessene Art soziale Kontakte aufnehmen kann. Bestrafung ist sehr häufig mit beängstigenden, demütigenden Erfahrungen verbunden, die uns noch sehr lange belasten und beeinträchtigen können:

Wir können sehr lange nicht die Wut auf unseren Vater vergessen, der uns mit 14 Jahren noch geschlagen hat; in uns steigen immer wieder Wut und Haß auf gegen den Chef, der uns vor allen Kollegen angeschrien und blamiert hat, auf den Lehrer, der uns mit ironischem Grinsen schlechte Zensuren gab, auf den Mann, die Frau, die uns abgewiesen, ausgelacht haben.

Bestrafung kann auch darin bestehen, daß bestimmte angenehme Konsequenzen, die man erwartet hat, nicht eintreten:

Wir bekommen keinen Kuß, weil wir nicht brav genug waren; kein Geld, weil wir eine Arbeit nicht rechtzeitig abliefern.

Durch Bestrafung können unerwünschte und gefährliche Verhaltensweisen schnell unterbrochen und kurzfristig unterdrückt, aber nicht dauerhaft beseitigt werden. Durch Bestrafung wird kein angemessenes Verhalten gelernt. Meist lernt man nur, Strafen und Kontrollen geschickter zu umgehen.

Lernen durch Beobachtung

Einen großen Teil unserer Verhaltensweisen lernen wir dadurch, daß wir das Verhalten anderer wahrnehmen, beobachten und nachahmen. Durch solches Beobachtungs- oder Modellernen (das oft nicht bewußt geschieht) übernehmen wir teilweise neue, komplexe Verhaltensweisen. Früher gelernte Verhaltensweisen können durch Beobachtung wieder ausgelöst werden.

Claudia mag oft nicht essen, wenn alles bereit ist und die Familie am Tisch sitzt. Die Mutter schimpft mit ihr: ,Du brauchst gar nicht zu maulen, du bleibst so lange sitzen, bis du alles aufgegessen hast!' Wenn dann alle fertig sind und aufstehen und die Mutter das Geschirr aufspült, sitzt Claudia immer noch vor ihrem Teller, und die Mutter ruft zwischendurch: ,Heul nicht, iß!' Wenn Claudia mit ihrer Puppe spielt, dann mag die Puppe auch nicht essen, und Claudia sagt dann zu ihr: ,Stell dich nicht so an, du mußt das aufessen!' Aber die Puppe ißt nicht. Und wenn Claudia ihr Puppengeschirr abspült, droht sie: ,Du blöde Heulsuse, iß jetzt endlich!' Claudia behandelt ihre Puppe beim Essen genau, wie ihre Mutter sie selbst behandelt.

Frau R. konnte durch das Zucken ihrer Wange ihre herabgerutschte Brille wieder hochschieben. Ihre Töchter begannen ebenfalls, ihre Brillen auf diese Weise hochzuschieben. Die Töchter übernahmen diese Angewohnheit von ihrer Mutter, weil sie praktisch und mehrmals täglich zu beobachten war.

An der Kreuzung zeigt die Ampel Rot. Ein Mann geht trotzdem über die Straße. Eine Gruppe von Kindern geht hinterher. Wenn ein Erwachsener ein Verbot übertritt, ahmen Kinder das sehr schnell nach.

Durch Modellernen können auch Einstellungen, Haltungen, Erlebnisweisen übernommen werden.

Die Lehrerin sagt oft zu den Kindern, wenn sie einen Fehler gemacht haben: ,Wollen wir mal zusammen überlegen, was du nicht verstanden hast?' Im Förderunterricht kann Klaus eine Aufgabe nicht lösen. Manuela sagt zu ihm: ,Kann ich dir helfen? Wollen wir die Aufgabe zusammen machen?' Die Lehrerin ist für die Kinder ein Modell für freundliches, kooperatives Verhalten.

Klaus hat aus Versehen mit seinem Ball ein Fenster eingeschmissen. Ängstlich geht er nach Hause. Dort empfängt ihn sein Vater wütend mit einer Tracht Prügel. ,Das wird dich lehren, so unvorsichtig zu sein!' Am nächsten Tag spielt Klaus mit anderen Kindern auf der Straße Fußball. Peter stößt den Ball aus Versehen unter ein Auto. Der Ball wird ganz plattgedrückt. Klaus wird wütend; er schlägt auf Peter ein: ,Verdammt noch mal, kannst du nicht aufpassen?' Klaus ver-

hält sich in einer Situation, wo ihm jemand einen Schaden zufügt, in ähnlicher Form aggressiv wie sein Vater.◯◯

◯◯Irenes Mutter mag es nicht, wenn ihre Kinder sie nackt sehen. Sie schließt die Tür immer ab, wenn sie sich wäscht oder anzieht. Bei einer Klassenreise lachen die anderen Kinder über Irene, weil sie sich so anstellt und sich nicht vor den anderen waschen mag. Irene hat von ihrer Mutter das vorsichtige, gehemmte Verhalten gegenüber körperlicher Nacktheit übernommen.◯◯

Verhalten wird unter folgenden Bedingungen durch Modellernen übernommen:

◯Der Beobachter hat eine gute gefühlsmäßige Beziehung zu dem Modell.

◯Das Modell ist für den Beobachter wichtig (es verfügt zum Beispiel über Bekräftiger, an denen dem Beobachter liegt — Eltern, Lehrer, Freunde, Partner), oder es hat einen hohen sozialen Status (Schauspieler, Musiker, Politiker).

◯Der Unterschied zwischen dem beobachteten Verhalten und den eigenen Verhaltensmöglichkeiten ist nicht zu groß.

◯Der Beobachter ist bei der Beobachtung emotional stark beteiligt.

◯Das Modell wird für sein Verhalten bekräftigt.

◯Der Beobachter wird für das Zeigen des beobachteten Verhaltens bekräftigt.

◯◯Monika geht zum erstenmal mit ihrer Mutter zum Zahnarzt. Im Wartezimmer rutscht die Mutter unruhig auf ihrem Stuhl hin und her. Sie ist aufgeregt, mag nicht mit Monika sprechen und blättert nervös in den Zeitschriften. Monika geht mit ihr in das Behandlungszimmer. Die Mutter fragt: ‚Es tut doch nicht weh?' Sie beginnt zu jammern, als der Zahnarzt bohrt. Anschließend soll Monika behandelt werden. Sie weigert sich jedoch, sich in den Behandlungsstuhl zu setzen, und beginnt zu weinen: ‚Ich will nicht, ich will nicht, das tut so weh!' Die Mutter muß sie schließlich auf dem Arm nach Hause tragen und lange streicheln, um sie zu beruhigen. Auch beim nächstenmal zeigt Monika starke Ängste beim Zahnarzt und weint so lange, bis die Mutter sie wieder nach Hause bringt. Monika entwickelt eine Angst vor dem Zahnarzt, weil sie das ängstliche Verhalten ihrer Mutter beobachtet hat und weil sie für ihr eigenes ängstliches Verhalten durch die Zuwendung der Mutter bekräftigt wurde.◯◯

Auch Ängste und das Vermeiden schwieriger Situationen können durch Modellernen übernommen werden.

◯◯Meine Mutter konnte nichts reklamieren: Wenn sie zuwenig Wechselgeld herausbekam oder wenn sich die Kassiererin verrechnet hatte, konnte sie sie nicht darauf aufmerksam machen. Sie konnte auch nicht zurückgehen und es beanstanden, wenn sie verdorbene Lebensmittel erhalten hatte. Sie schimpfte dann fürchterlich über den ‚Betrug' und schickte meinen Vater los. Als ich allein lebte, stellte ich fest, daß ich mich genauso verhielt wie meine Mutter; ich schaffte es ebenfalls nicht, etwas zu reklamieren. Meine Mutter vermied es auch, zu Behörden zu gehen oder Formulare auszufüllen, sie überließ das meinem Vater. Ich selbst zeigte genau das gleiche Vermeidungsverhalten. Wenn möglich, schickte ich jemand anders. Vermutlich habe ich dieses Verhalten von meiner Mutter übernommen, weil ich es so oft bei ihr beobachtet habe und weil ich bemerkte, daß sie dafür bekräftigt wurde (mein Vater nahm es ihr ab). Ich habe mich eigentlich immer darüber geärgert, daß ich kein angemesseneres Verhalten gelernt hatte. ◯◯

Unerwünschte Verhaltensweisen kann man dadurch ersetzen, daß man erwünschtere Verhaltensweisen an einem Modell beobachtet und übernimmt:

◯◯ Ich habe dann einfach beobachtet, wie andere Leute in Läden etwas beanstandet haben, und ich bin mit meinem Freund zu Behörden gegangen, um zu sehen, wie man sich in einer solchen Situation verhält. Ich habe dann auch versucht, mich in diesen Situationen so zu verhalten, wie ich es beobachtet hatte. Inzwischen kann ich Dinge — zwar noch mit Herzklopfen —

beanstanden. Ich mache sogar meine Steuererklärung selbst. Und ich muß sagen: Ich bin sehr viel zufriedener mit mir, weil ich die unangenehmen Situationen nicht mehr vermeide! ◯◯

Durch die Wahrnehmung, Beobachtung und Nachahmung von Verhaltensweisen anderer lernen wir neue und komplexe Verhaltensweisen. Für die meisten Menschen sind die Eltern — oder andere Bezugspersonen während der Kindheit — wichtige Beobachtungsmodelle. Wir übernehmen von ihnen auch Einstellungen, Werthaltungen und gefühlsmäßige Reaktionen. Wichtige Bedingungen für die Wirksamkeit eines Modells sind: eine gute gefühlsmäßige Beziehung zwischen Modell und Beobachter, Prestige des Modells, Bekräftigung des Modells und des Beobachters für sein Verhalten.

„Und wo bleibt meine Freiheit?"

Findest du das nicht gräßlich, was hier behauptet wird? Daß man durch Zuckerbrot und Peitsche lernt? Als ob Menschen so primitiv wären. Und überhaupt: Wo bleibt denn da meine Freiheit?

Ja, schon — aber manches fand ich auch ganz einleuchtend. Eigentlich kann es einem eher Angst machen, daß man so abhängig ist von Dingen wie Geld und Schokolade!

Hm. Oder daß wir von anderen manipuliert werden können. Wenn ich bloß an die Werbung denke: Da bist du ein dufter Typ, wenn du das Kraut rauchst oder eine bestimmte Marke trinkst.

Ich glaube auch, daß man so „Modelle" in der Werbung manchmal nachahmt. Aber wenn man sich das mal klarmacht, fällt man vielleicht nicht mehr so leicht drauf rein.

Ja. Also, einleuchtend finde ich das schon, daß man vieles durch Bekräftigung lernt oder über Modelle — gerade wenn ich so an die Kindererziehung denke. Aber ich glaube, auch als Erwachsener kann man nicht immer verhindern, daß man dadurch beeinflußt und manipuliert wird.

Na, immerhin mußt du bedenken, daß man durch Bekräftigung und Modelle Sachen lernt, die man selbst gut findet, und andere, die man selbst schlecht findet. Sie können für alles eingesetzt werden. Wichtig finde ich nur, daß man sich mal überlegt, wodurch man alles beeinflußt wird und ob man damit einverstanden ist, oder vielleicht auch was dagegen unternimmt.

Mich stört das aber, daß man so manipuliert werden kann!

Ja, aber wenn man weiß, was man will, dann kann einen doch niemand zu etwas anderem bringen!

Du Optimist! Ich finde, da überschätzt du dich aber. Du kannst doch gar nicht in jedem Moment durchschauen, wie du beeinflußt wirst, durch Zeitungen, durchs Fernsehen oder gerade durch die Werbung. Und wenn man dir nichts mehr zu essen gibt: Was meinst du, was du dann für ein Stück Brot tust! Von so natürlichen Bedürfnissen kann man sich doch gar nicht unabhängig machen.

Das stimmt schon. Aber ich meine trotzdem, daß es wichtig ist, zu durchschauen, wie man beeinflußt und manipuliert wird. Ich hab den Eindruck, daß meine Freiheit dadurch erhöht wird. Und ich seh auch eine Möglichkeit darin, daß man seine Bekräftigung in vielen Dingen in sich selbst hat; dann ist man doch etwas freier von äußerer Steuerung.

Hm, stimmt. Man kann diese Prinzipien zum Beispiel auch so einsetzen, daß man etwas Neues lernt, um freier oder selbständiger zu werden — so wie man sich selbst gut findet und mit sich zufrieden ist. Ich glaube, Freiheit, das ist für mich einfach das Gefühl, daß ich bestimmte Dinge tun kann, die mir wichtig sind, daß ich selbst entscheiden kann.

Ja, das glaube ich auch. Aber, weißt du, ich überlege gerade: Woher hat man denn seine Werte, also das, was man für sich in Ordnung findet? Das hat man doch auch gelernt. Ich meine, Normen und Werte sind doch nichts rein Persönliches, sondern Bedingungen in unserer Gesellschaft, die wir nach diesem Prinzip lernen und übernehmen.

Beantworten Sie die folgenden Fragen möglichst genau. Ihre Antworten können Sie anschließend kontrollieren, indem Sie unter den angegebenen Seitenzahlen nachschlagen.

① Nennen Sie jeweils 2 Beispiele für Merkmale/Verhaltensweisen, die
a) überwiegend erblich festgelegt sind:
b) teilweise erblich festgelegt sind, teilweise durch die Umwelt beeinflußt werden:
c) überwiegend durch Lernen erworben werden:

→ Seite 28

② Wie kann man Unterschiede und Gemeinsamkeiten im Verhalten von Menschen erklären:

→ Seite 29

③ Wie kann man die Entstehung von Angst erklären? Versuchen Sie das an einem Beispiel aus Ihrem Leben zu verdeutlichen:

→ Seite 30, 31

④ Wie kann man die Entstehung von Vermeidungsverhalten erklären? Versuchen Sie das an einem Beispiel aus Ihrem Leben zu verdeutlichen:

→ Seite 30, 31

⑤ Unter welchen Bedingungen wird Verhalten durch Modellernen übernommen:

→ Seite 37

⑥ Wie kann das Auftreten von bestimmten Verhaltensweisen gefördert werden:

→ Seite 34

⑦ Wie kann man Verhalten verlernen:

→ Seite 34

Hinweise zur Auswahl des Problemverhaltens, das Sie verändern wollen

Bevor Sie sich entscheiden, welches Problemverhalten Sie verändern wollen, sollten Sie die folgenden Hinweise durchdenken: Für alle folgenden Schritte ist es wichtig, daß Sie sich mit den wichtigsten Lernprinzipien vertraut gemacht haben. Wenn Sie sich bei den Antworten auf Arbeitsblatt 3 etwas unsicher gefühlt haben, sollten Sie die Informationen noch einmal genau lesen. Eine gute Hilfe ist es, wenn Sie versuchen, für die angeführten Gesetzmäßigkeiten Beispiele aus Ihrem eigenen Leben zu finden oder diese Betrachtungsweise und Erklärungsmöglichkeiten auch auf andere Erfahrungsbereiche anzuwenden. (Zum Beispiel: Welche Prinzipien werden bei der Fernsehreklame benutzt? Welche Beobachtungsmodelle tauchen in Filmen auf? Was könnte man möglicherweise von Ihnen übernehmen?) Noch mehr Spaß machen diese Überlegungen, wenn Sie sie gemeinsam mit anderen anstellen.

Der Erfolg einer Problembearbeitung hängt im wesentlichen davon ab, wie stark Sie selbst an einer Veränderung interessiert sind. Je stärker Sie eine Änderung wünschen und auch bereit sind, sich dafür einzusetzen und zusätzliche Mühen in Kauf zu nehmen, um so wahrscheinlicher ist es, daß Sie Erfolg haben. Es ist wichtig,

O daß in erster Linie Sie selbst an einer Änderung interessiert sind; nicht so günstig ist es, wenn Sie sich eher durch Ihre Umwelt gedrängt fühlen, eine Änderung vorzunehmen,

O daß Sie ein Problemverhalten auswählen, das zu Ihrem alltäglichen Leben gehört und häufiger auftritt (täglich, mehrmals pro Woche),

O daß Ihr Leben durch die Verhaltensänderung positiv beeinflußt wird. Sie sollten ein Problemverhalten nicht bearbeiten, wenn dadurch Ihr Leben gar nicht oder nur geringfügig verändert wird; ungünstig wäre es aber auch, wenn Ihr Leben sich sehr stark ändert und Konsequenzen eintreten könnten, die Sie beunruhigen,

O daß Ihre Umwelt (Familie, Freunde, Bekannte) positiv auf Ihren Veränderungsversuch (und das geänderte Verhalten) reagieren. Einen Änderungsversuch, der dauernd von anderen angegriffen wird, werden Sie vermutlich schnell abbrechen — oder das neue, geänderte Verhalten nicht lange aufrechterhalten können.

Arbeitsblatt 4   Das Problem, das ich bearbeiten will

Überlegen Sie noch einmal: Sind Sie selbst an einer Änderung interessiert? Wird sich Ihre Umwelt eher positiv dazu stellen? Tritt das Problem eher häufig in Ihrem alltäglichen Leben auf?
Beschreiben Sie jetzt das Problemverhalten, das Sie verändern möchten:

Kapitel 3
Die Analyse Ihres Problemverhaltens

Im vorigen Kapitel wurden verschiedene Möglichkeiten aufgezeigt, wie Verhalten entsteht. Meist entwickelt es sich durch ein kompliziertes Zusammentreffen von bestimmten Bedingungen. Nachträglich ist es oft sehr schwierig, diese Bedingungen genau herauszufinden. Aber es ist möglich, festzustellen, wodurch Ihr Verhalten zur Zeit gesteuert und aufrechterhalten wird. Die genaue Kenntnis von Verhaltensabläufen, die Sie als problematisch empfinden, hilft Ihnen, herauszubekommen, wo Sie am leichtesten mit Ihrer Veränderung ansetzen können. Am günstigsten ist ein Vorgehen, bei dem Sie zunächst das eigentliche Verhalten genau beschreiben und dann herauszufinden versuchen, was zu diesem Verhalten hinführt und was darauf folgt. Ein wichtiger Gesichtspunkt ist auch, daß Sie sich klarer darüber werden, welche Bedeutung Ihr Problem für Ihr momentanes Leben hat und welche Änderungen Ihres Verhaltens, Ihrer Einstellung oder Ihrer Umwelt Sie mit Ihrem Änderungsprogramm anstreben wollen. All diese Überlegungen tragen dazu bei, daß Sie Ihr eigenes Verhalten und das anderer Menschen aufmerksamer beobachten.

Verhalten ist beeinflußt von Signalreizen und Konsequenzen

Das eigene Verhalten so genau zu beschreiben, daß es analysiert werden kann, fällt uns am Anfang sehr schwer. Wir sind eher daran gewöhnt zu sagen: „Ich werde schnell wütend", als ausführlicher zu beschreiben, wie es sich äußert, wenn ich wütend bin.

Ich bin oft auf irgend etwas wütend. Manchmal verberge ich den Ärger, fresse ihn sozusagen in mich hinein. Wenn mich dann irgend jemand ärgert, lasse ich ihn entweder stehen, gebe ihm eine patzige, unhöfliche Antwort oder schreie ihn an. Manchmal schlage ich auch mit den Türen, werfe etwas gegen die Wand. Ich habe dann immer das Gefühl zu kochen, und meine Hände fangen an zu zittern.

Versuchen Sie nun Ihr eigenes Problemverhalten in Arbeitsblatt 5 so genau wie nur möglich zu schildern. Geben Sie dazu möglichst viele Situationen an, in denen Sie in letzter Zeit Ihr Problemverhalten gezeigt haben.

**Arbeitsblatt 5   Die genaue Beschreibung meines Problem-
verhaltens an Hand von Beispielen**

Nennen Sie wichtige Beispiele für Ihr Verhalten, und beschreiben
Sie dabei so genau wie möglich, was Sie tun oder nicht tun, was Sie
empfinden (Ärger, Angst, Lust . . .), was Sie denken („Du Ver-
sager", „Das schaffst du nie"), was Sie körperlich spüren (Herzklopfen, Schweißausbruch, Zittern . . .), und alles, was Ihnen sonst
noch wichtig erscheint:

Was ist typisch für Ihr Problemverhalten? Was taucht bei den
meisten Beispielen auf?

Was empfinden Sie als besonders störend an Ihrem Problemverhalten?

Wahrscheinlich ist es Ihnen schwergefallen, Ihr eigenes Verhalten so genau an Hand von Beispielen zu beschreiben. Das geht den meisten von uns so, weil wir nicht daran gewöhnt sind. Vielleicht hatten Sie aber auch das Gefühl, daß Ihr Problemverhalten zu komplex ist, um es so isoliert zu beschreiben. Unser Verhalten läßt sich ja nur schwer von dem trennen, was ihm vorausgeht und was darauf folgt. Wir verhalten uns unterschiedlich, je nachdem, in welcher Situation wir sind, mit welchen Menschen wir zusammen sind. Mit unserem Chef reden wir anders als mit unseren Kindern; am Feierabend sind wir oft anders als während der Arbeitszeit. Wenn wir uns auf eine bestimmte Weise verhalten, dann reagieren wir meist auf das Verhalten von anderen oder auf etwas in uns: Signalreize lösen ein bestimmtes Verhalten aus. Unser Verhalten wird aber auch beeinflußt von den Konsequenzen, die es für uns hat: Wenn sie angenehm sind, werden wir uns häufiger so verhalten; sind es aber unangenehme Konsequenzen, dann werden wir dieses Verhalten in Zukunft seltener zeigen.

Signalreize:	Verhalten:	Konsequenzen:
ich sehe den frischen Kuchen	ich kauf ein Stück und esse es	es schmeckt mir sehr gut
mein Chef sieht freundlich aus	ich bitte um einen freien Tag	ich bekomme ihn und freue mich

Signalreize und Konsequenzen sind für unser Verhalten jedoch nicht immer gleich wichtig. Manchmal ist unser Verhalten in weitaus größerem Maße durch die Signalreize gesteuert und weniger durch die Konsequenzen. In anderen Fällen sind es die Konsequenzen, die unser Verhalten steuern, und die Bedeutung der Signalreize ist eher gering. Oft ist es schwierig, ganz genau festzustellen, ob es die Signalreize oder die Konsequenzen sind, die unser Verhalten hauptsächlich beeinflussen. Aber gerade dies ist wichtig, um zu wissen, ob Sie mit Ihrem Änderungsprogramm eher die Signalreize oder die Konsequenzen bearbeiten sollten. Ob unser Verhalten durch die Signalreize gesteuert wird, können wir meist daran erkennen, daß es fast automatisch darauf folgt. Wenn wir uns in einer bestimmten Weise verhalten, um uns oder andere zufriedenzustellen, wird das Verhalten eher durch Konsequenzen gesteuert.

Signalreize steuern das Verhalten

Signalreize:	Verhalten:	Konsequenzen:
man bietet mir eine Zigarette an	ich nehme sie und rauche sie	sie schmeckt mir und entspannt mich
ich sehe einen riesigen Hund	ich laufe sofort weg	ich fühle mich erleichtert

Konsequenzen steuern das Verhalten

Signalreize:	Verhalten:	Konsequenzen:
ich bekomme eine Aufgabe	ich bearbeite sie sorgfältig	ich werde gelobt, bin mit mir zufrieden
jemand bittet mich um Hilfe	ich helfe ihm, unterstütze ihn	er freut sich, ich bin mit mir zufrieden

Es kann viele mögliche Signalreize für ein Verhalten geben: eine Forderung, die wir selbst an uns stellen; ein Gefühl, eine Empfindung in uns oder auch das Verhalten von anderen uns gegenüber. Ereignisse, die ein bestimmtes Verhalten bei uns auslösen, können dem Verhalten unmittelbar vorausgehen, aber auch zeitlich etwas verschoben sein.

Oft folgen mehrere verschiedene Konsequenzen auf unser Verhalten. Auch sie können sich in uns auswirken oder im Verhalten der anderen uns gegenüber. Unser Verhalten wird am ehesten von den Konsequenzen, die für uns am wichtigsten und auffälligsten sind, verstärkt und aufrechterhalten — meist von denjenigen, die direkt auf unser Verhalten folgen.

Verhalten:	direkte Konsequenzen:	spätere Konsequenzen:
ich esse 2 Tafeln Schokolade schnell auf	es schmeckt mir, ich genieße es	ich bin unzufrieden mit mir, nehme wieder zu

Meistens gibt es bestimmte Signalreize, die uns darauf aufmerksam machen, welche Konsequenzen auf unser Verhalten folgen können. Dann verhalten wir uns meistens so, daß wir dadurch angenehme Konsequenzen erfahren und unangenehme vermeiden können. Das Kind entschuldigt sich für einen Streich, bei dem es erwischt wurde, weil es weiß, daß es dann keine Strafe bekommt. Manchmal vermuten wir aber nur unangenehme Konsequenzen und deshalb das Verhalten, das dazu führen könnte:

Signalreiz:	vermutetes Verhalten:	vermutete unangenehme Konsequenzen:
ich bin in einer Gruppe mit 10 Leuten, die ich nicht kenne	ich werde rot, wenn ich etwas sage, fange an zu stottern	die anderen lachen über mich

Verhalten:	angenehme Konsequenzen:
ich verhalte mich still, sage nichts	ich vermeide die vermuteten unangenehmen Konsequenzen

Während Sie die letzten Seiten lasen, haben Sie sicher schon herauszufinden versucht, durch welche Signalreize und Konsequenzen denn nun Ihr Problemverhalten gesteuert wird. Die Arbeitsblätter auf den folgenden Seiten helfen Ihnen, bei dieser Suche ganz systematisch vorzugehen. Wenn Sie jetzt genau über Ihr Problemverhalten nachdenken, sind Sie sich möglicherweise nicht ganz sicher, ob es auch stimmt, was Sie herausfinden. Das macht nichts. In dieser Phase, in der Sie sich und Ihr Problem besser kennenlernen, sollten Sie möglichst viele Vermutungen anstellen. Schwierigkeiten, die Sie bei Ihrer Problemanalyse haben und bei denen Ihr Nachdenken nicht mehr weiterführt, können Sie lösen, indem Sie mit anderen Menschen darüber sprechen. Sie können fragen, wie andere Ihr Verhalten erleben, wie sie es beschreiben würden. Noch besser hilft im allgemeinen, wenn Sie Ihr Problem regelmäßig mit einer Gruppe besprechen und gemeinsam Ihr Änderungsprogramm entwickeln.

Arbeitsblatt 6   Signalreize, die mein Problemverhalten steuern

Gibt es bestimmte Bedingungen, die eine Art Signal für Sie sind, Ihr Problemverhalten zu zeigen? Tritt Ihr Problemverhalten oft auf,
○ wenn Sie mit bestimmten Personen zusammen sind (Familie, Bekannte, Freunde, Autoritätspersonen, Personen des anderen Geschlechts . . .):

○ wenn Sie in einer bestimmten Umgebung sind (zu Hause, bei der Arbeit, auf Reisen, in größeren Höhen, in engen Räumen . . .):

○ wenn Sie bestimmte Medikamente, Nahrungs-, Genußmittel, Drogen genommen haben (Kaffee, Tee, Alkohol, Tabletten . . .):

○ zu bestimmten Zeiten (Tageszeiten, Wochentage, Jahreszeiten . . .):

○ bei bestimmten inneren Bedingungen (wenn Sie müde sind oder verstimmt, traurig, einsam, übermütig, aufgekratzt, wenn Sie mit sich zufrieden, unzufrieden sind . . .):

Welche Signalreize gehen dem Problemverhalten immer oder häufig voraus:

Nach welchen Signalreizen tritt das Problemverhalten besonders stark und intensiv auf:

Arbeitsblatt 7   Konsequenzen, die auf mein Problemverhalten folgen

Hat Ihr Problemverhalten direkte, für Sie angenehme Konsequenzen wie:

◯ angenehme eigene Gefühle, Empfindungen, Gedanken (Entspannung, Erleichterung, Freude, Wohlfühlen . . .):

◯ angenehme Verhaltensweisen, Reaktionen Ihrer Umwelt (Interesse, Anteilnahme, Freundlichkeit, Lob von Personen, die für Sie wichtig sind, Erfolg . . .):

Konsequenzen, die ich als besonders angenehm erlebe und die mein Problemverhalten vermutlich aufrechterhalten:

Hat Ihr Problemverhalten längerfristige angenehme oder unangenehme Konsequenzen wie:

◯ angenehme eigene Gefühle, Empfindungen, Gedanken, angenehme Reaktionen, Verhaltensweisen Ihrer Umwelt?

◯ unangenehme eigene Gefühle, Empfindungen, Gedanken (Ärger, Selbstverachtung, Unzufriedenheit . . .) / unangenehme Verhaltensweisen, Reaktionen Ihrer Umwelt (Kritik, Ablehnung, Desinteresse, Spott, Nachteile im Beruf . . .):

Längerfristige angenehme oder unangenehme Konsequenzen, von denen ich vermute, daß sie für mich wichtig sind:

Vielleicht macht es Ihnen inzwischen Spaß, wie ein „Detektiv" hinter Ihrem Verhalten herzuspüren. Vielleicht haben Sie aber auch bei der genauen Betrachtung Ihres Verhaltens gemerkt, daß es Ihnen widerstrebt, Ihr Verhalten auseinanderzunehmen wie ein Radio. Oft ist es auch belastend und anstrengend, ein Verhalten, das einen stört und das man verändern will, sehr genau zu analysieren. Dann kann es helfen, wenn man sich sagt: „Ich tu ja etwas dagegen; ich fange an, mich selbst zu verändern." Einige Menschen entdecken jedoch auch beim Nachdenken über ihr Problem, daß sich das Problem verändert.

Ich fing damit an, über meine Angst vor Kühen, Hunden, Mücken, aber auch vor größeren Höhen nachzudenken. Ich bin dann völlig außer mir, schreie, werfe mich hin oder laufe weg. Als ich dann genauer überlegte, in welchen Situationen mich diese Angst überfällt, fiel mir auf, daß es nur geschieht, wenn mein Freund bei mir ist. Die Konsequenzen meines Verhaltens sind eigentlich angenehm für mich: Mein Freund ‚beschützt' mich, er nimmt Rücksicht auf mich. Und so kam ich darauf, daß mein eigentliches Problem ist, daß ich mein ängstliches Verhalten zeige, damit mein Freund sich liebevoll um mich kümmert. Noch wichtiger ist aber wohl, daß ich gemerkt habe, daß in unserer Beziehung etwas nicht stimmt. Und das scheint uns beiden jetzt wichtiger zu analysieren.

Eine solche Entdeckung entmutigt Sie vielleicht zunächst. Tatsächlich aber haben Sie etwas sehr Wichtiges entdeckt: Es hilft Ihnen, sich besser kennenzulernen, klarer zu sehen, was für Sie entscheidend ist. Sie sollten sich dann überlegen, ob Sie nicht dieses „neue" Problem verändern wollen. Das ist immer dann sinnvoll, wenn Sie den Eindruck haben, daß das „alte" Problem nur ein Teil des eigentlichen Problems ist. Für diese Überlegungen können nen Gespräche mit anderen besonders nützlich sein.

Wenn man sich intensiv mit Problemen beschäftigt, stellt man oft fest, daß es einfacher sein mag, die Probleme von anderen Menschen zu analysieren als die eigenen. Aber andererseits kennt niemand das Problem so genau wie derjenige, der es hat und den es belastet.

Sie haben jetzt sehr viele Informationen zu Ihrem Problemverhalten gesammelt. Deshalb sollten Sie nun versuchen, Ihr komplexes Problem als Verhaltenskette darzustellen.

Fassen Sie die Informationen, die Sie in den Arbeitsblättern 4—6
gesammelt haben, zusammen:

- -

Signalreize, die mein Verhalten steuern

1. *Viel Arbeit im Büro (ich komme den ganzen Tag nicht
   zur Ruhe, eventuell fällt das Mittagessen aus).*
2. *Ich gehe nach Hause und habe den Wunsch, nichts zu
   hören und zu sehen.*
3. *Meine Frau überfällt mich an der Tür mit einer Forderung oder kritisierenden Bemerkung.*

- -

Mein typisches Problemverhalten

*Ich schreie sie an („Ich will meine Ruhe haben . . ."), oder
ich reagiere in patzigem, unfreundlichem Ton. („Kaum
kommt man nach Hause, soll man schon wieder etwas
tun . . .")
Ich gehe ins Wohnzimmer und knalle die Tür hinter mir mit
Wucht zu.*

- -

Konsequenzen, die mein Verhalten aufrechterhalten (direkt/längerfristig)

*Direkt: In der nächsten Stunde habe ich meine Ruhe, keiner
traut sich, mich zu stören.
Längerfristig: Es ist eine Mißstimmung im Haus, ich habe
meine Wut an meiner Familie ausgelassen, die nichts dafür
kann, und manchmal merke ich erschreckt, daß meine Kinder
Angst vor mir haben.*

- -

Kennzeichnen Sie durch Ausmalen des oder der Pfeile, wodurch
Ihr Verhalten mehr beeinflußt wird: durch Signalreize, durch Konsequenzen oder durch beides gleichermaßen.

Arbeitsblatt 8   Die Beschreibung meines Problemverhaltens als Verhaltenskette. (Beispiel „Soziale Angst")

Fassen Sie die Informationen, die Sie in den Arbeitsblättern 4—6 gesammelt haben, zusammen:

Signalreize, die mein Verhalten steuern.

> *Ich habe Angst in sozialen Situationen, vor Schwiegereltern, Zahnarzt, fremden Gruppen, Autoritätspersonen, vor Prüfungssituationen, vor Auseinandersetzungen, vor dem Gefühl, nicht anerkannt zu werden. Angst davor, daß die Angst in sozialen Situationen sich zu Übelkeit oder Erbrechen steigern könnte.*

Mein typisches Problemverhalten

1. gähnen
2. müde werden
3. unter Umständen ins Bett legen
4. wenn das getan wird, unruhiges Dösen
5. frieren
6. niesen (vermutlich Schnupfen bekommen)

7. schwitzen
8. beginnende Übelkeit
9. intensiveres Auftreten der Reaktion, je näher die angstbesetzte Situation rückt: Problem: um Angst zu vermeiden, nehme ich situationsabhängige Tabletten

----

Konsequenzen, die mein Verhalten aufrechterhalten (direkt/längerfristig)

> *Direkt: Vermeiden des Eintretens der befürchteten Erwartungen (sich in dieser Situation übergeben müssen).*
> *Längerfristig: unangenehme Konsequenzen. Unzufriedenheit, Ärger mit mir selbst; berufliche Nachteile; habe wenig Freunde und fühle mich sehr isoliert.*

Kennzeichnen Sie durch Ausmalen des oder der Pfeile, wodurch Ihr Verhalten mehr beeinflußt wird: durch Signalreize, durch Konsequenzen oder durch beides gleichermaßen.

Fassen Sie die Informationen, die Sie in den Arbeitsblättern 4—6
gesammelt haben, zusammen:

Signalreize, die mein Verhalten steuern

Mein typisches Problemverhalten

Konsequenzen, die mein Verhalten aufrechterhalten
(direkt/längerfristig)

Kennzeichnen Sie durch Ausmalen des oder der Pfeile, wodurch
Ihr Verhalten mehr beeinflußt wird: durch Signalreize, durch Konsequenzen oder durch beides gleichermaßen.

Die Bedeutung einer Verhaltensveränderung für Ihr Leben

Vielleicht warten Sie jetzt schon ungeduldig darauf, Ihr Problem endlich zu verändern, weil Sie Ihr Verhalten genau analysiert haben und es nun gut kennen. Der Wunsch nach einer möglichst schnellen Veränderung ist verständlich; trotzdem möchten wir Ihnen abraten, es sofort zu versuchen. Problematische Verhaltensweisen, mit denen wir schon länger leben, sind oft sehr stabil und können nicht von einem Tag zum nächsten verändert werden. Günstiger ist es, wenn Sie sich nach der Analyse und der Beobachtung Ihres Verhaltens zunächst mit den Möglichkeiten für ein Änderungsprogramm vertraut machen, dann Ihr persönliches Programm ganz systematisch planen und erst danach mit der tatsächlichen Veränderung beginnen.

Doch jetzt noch einmal zurück zu Ihrer Problemanalyse und einigen abschließenden Überlegungen, zu denen Sie in den Arbeitsblättern 9 und 10 angeregt werden sollen. Sie können dadurch möglichen Schwierigkeiten vorbeugen und auch Erleichterungen in Ihr späteres Programm einbeziehen. Oft haben wir uns schon daran gewöhnt, mit einem Problem zu leben; aber irgendwie fühlen wir uns in unserem Leben, unseren Möglichkeiten eingeschränkt; wir können uns nicht so verhalten, wie wir es eigentlich wünschen.

Frau L. findet, daß sie zu dick ist. Wenn sie mit anderen Menschen zusammen ist, glaubt sie, von ihnen deswegen abgelehnt, verachtet zu werden. Dadurch fühlt sie sich sehr unsicher. Oft vermeidet sie solche Situationen gänzlich. Es ist für sie aber andererseits sehr wichtig, mit anderen darüber zu sprechen, was sie bewegt.

Klaus ist Student. Er hat große Schwierigkeiten, sich zu Hause an seinen Schreibtisch zu setzen und etwas für sein Studium zu lesen oder zu lernen. In Seminaren oder Arbeitsgruppen traut er sich kaum etwas zu sagen, weil er sich den anderen Studenten unterlegen fühlt und befürchtet, nicht ernst genommen zu werden.

Durch ein Veränderungsvorhaben erhoffen wir uns eine Verbesserung unserer Situation. Wenn wir unser Problem verändert haben, sind wir vielleicht mit uns zufriedener, oder wir können unsere Wünsche besser durchsetzen, oder unser Verhältnis zu anderen Menschen wird für uns angenehmer ... Wenn Frau L. kein Übergewicht mehr hat, kann sie sich eher akzeptieren und fühlt sich sicherer.

Unsere Probleme haben aber auch oft eine besondere Bedeutung für die Menschen, mit denen wir zusammen leben. Klaus' Freundin ärgert es vielleicht, daß er oft so unsicher ist; für sie ist es wichtig, daß er dieses Problem loswird. Aber für Herrn L. kann es angenehm sein, daß seine Frau oft unsicher ist; es gibt ihm das Gefühl, daß sie ihn braucht, von ihm abhängig ist.

Um die Bedeutung eines problematischen Verhaltens und dessen möglicher Veränderung für andere Menschen herauszufinden, setzen Sie sich am besten einmal mit ihnen zusammen und analysieren dieses Problem gemeinsam „von der anderen Seite" her. Denn Ihr Problemverhalten kann ja für andere auch ein Signalreiz sein, sich in einer bestimmten Weise zu verhalten. Oder aber es wirkt für andere als Konsequenz, die auf ein bestimmtes Verhalten folgt und es aufrechterhält. Vielleicht stellen Sie dann (wie das Mädchen und ihr Freund auf Seite 51) fest, daß es nicht Ihr persönliches Problem allein ist und daß sie es gemeinsam mit den anderen „Betroffenen" verändern wollen. In jedem Fall aber erleichtert es die Ausführung Ihres Plans, wenn die Menschen, die Ihnen nahestehen, auch eine Veränderung Ihres Problems wünschen und Sie unterstützen. Wenn dagegen das Problemverhalten für Ihre Umwelt erwünschter ist als die Veränderung, ist zu befürchten, daß Ihr Veränderungsvorhaben von anderen boykottiert wird. Vielleicht finden Sie dann in einer Gruppe anderer Menschen, die sich ebenfalls ändern wollen, die Unterstützung, die Sie brauchen. Sonst sollten Sie eventuell daran denken, ein anderes Problem zu bearbeiten, das Sie nicht soviel Kraft kosten wird.

Eine weitere wichtige Überlegung ist, welches Ziel Sie mit Ihrer Veränderung erreichen wollen. Wenn ein problematisches Verhalten verschwindet, ist das Ziel sehr einfach anzugeben: nicht mehr rauchen, nicht mehr zwischen den Mahlzeiten essen ... Aber wenn Sie statt eines unerwünschten ein erwünschtes Verhalten zeigen wollen (zum Beispiel: nicht gekränkt auf Kritik reagieren, sondern sie sachlich annehmen können) oder wenn Sie ein völlig neues Verhalten lernen wollen (zum Beispiel Kontaktverhalten), wird es etwas komplizierter. Wie soll das Verhalten aussehen, das Sie selbst an Stelle Ihres Problemverhaltens zeigen wollen?

Herr K. hat Schwierigkeiten, von sich aus auf andere zuzugehen, und fühlt sich dadurch isoliert. Er möchte nicht mehr so ‚zugeknöpft' herumlaufen, sondern zum Beispiel beim Essen in der Kantine, in der U-Bahn, in der Kneipe Gespräche anfangen und sich mit Leuten verabreden, die er noch nicht so gut kennt. Vielleicht erscheint Ihnen diese Aufgabe im Augenblick etwas zu schwierig. Versuchen Sie trotzdem in Arbeitsblatt 10 zunächst Ihr neues Verhalten einfach so zu beschreiben, wie Sie es sich wünschen würden.

Zum Abschluß des Kapitels über die Problemanalyse möchten wir Sie noch anregen, an Hand der Arbeitsblätter 9 und 10 Ihr Veränderungsvorhaben einmal kritisch zu durchdenken. Ist das Ziel, das Sie anstreben, für Sie persönlich wichtig, oder wollen Sie sich eher so verhalten, wie es die anderen, die Gesellschaft von Ihnen erwartet? Wir sollten die Maßstäbe, nach denen wir uns verändern wollen, einmal in Frage stellen und herauszufinden versuchen, woher wir diese Maßstäbe haben und wie sie genau aussehen. Dann können wir entscheiden, ob wir uns so verändern wollen, daß wir leben, uns verhalten, wie die anderen es von uns verlangen, oder ob wir eher das Ziel haben, uns hiervon ein wenig unabhängiger zu machen.

Klaus wollte zunächst lernen, zu Hause mehr für sein Studium zu arbeiten, und hoffte, so in Gruppensituationen sicherer zu werden. Als er aber darüber nachdachte, merkte er, daß er sich damit kritiklos dem anpassen würde, was von ihm erwartet wird. Außerdem fiel ihm auf, daß sehr viele Studenten unter Arbeitsstörungen und Ängsten leiden; er findet es zunächst sinnvoller, mit anderen das gemeinsame Problem zu besprechen und herauszufinden, durch welche Bedingungen diese Störungen bei ihnen entstanden sind und inwieweit es jeweils gleiche Bedingungen waren.

Viele Schwierigkeiten werden direkt ausgelöst durch die Situation, in der wir leben. Manchmal lassen sich diese Probleme dadurch beseitigen, daß wir versuchen, aktiv Strukturen in unserer privaten oder Arbeitssituation zu verändern oder indem wir nach einer günstigeren Umwelt suchen (Umzug in eine andere Stadt, eine andere Stellung, Trennung von einem Partner). Allein ist das nicht immer möglich, gemeinsam mit anderen, die ähnliche Probleme haben und selbst betroffen sind, ist es meist leichter.

Arbeitsblatt 9   Die Bedeutung, die mein Problemverhalten für mein Leben hat

◯Inwieweit sind Sie zur Zeit in Ihrem Leben, in Ihren Möglichkeiten durch Ihr Problemverhalten eingeschränkt? Was könnten Sie alles tun, wenn Sie es nicht hätten?

Die Bedeutung einer Veränderung meines Problemverhaltens für mich persönlich ist:
sehr gering . . . . gering . . . . ziemlich groß . . . . groß . . . .

◯Was bedeutet Ihr Problemverhalten für andere Personen? Was würde sich für Sie ändern, wenn Sie Ihr Problemverhalten nicht hätten?

Die Bedeutung einer Veränderung meines Problemverhaltens für andere Personen ist:
sehr gering . . . . gering . . . . ziemlich groß . . . . groß . . . .

◯Wollen Sie Ihr Problemverhalten allein bearbeiten, oder wollen Sie mit anderen Personen zusammenarbeiten?

Beschreiben Sie das Verhalten, das Sie an Stelle Ihres Problemverhaltens zeigen möchten, möglichst genau an Hand von Beispielen:

Nach welchen Signalreizen zeigen Sie Ihr erwünschtes Verhalten
zur Zeit schon manchmal oder auch häufig? Oder: Gibt es bestimmte Signalreize, nach denen Ihr Problemverhalten nie auftritt?

Haben Sie Ihr erwünschtes Verhalten früher öfter gezeigt? Woran
lag das vermutlich; was hat Ihnen dabei geholfen?

Kapitel 4

Das Beobachten und Zählen Ihres Verhaltens

Warum die Verhaltensbeobachtung so wichtig ist

Sie haben Ihr Problemverhalten jetzt genauer analysiert und kennen wichtige Bedingungen, die es auslösen und steuern. Für eine gezielte Veränderung Ihres Verhaltens ist es jedoch in den meisten Fällen sinnvoll, genau zu überprüfen, ob diese Analyse wirklich stimmt, und herauszufinden, in welcher Häufigkeit Ihr Verhalten, seine auslösenden und steuernden Bedingungen auftreten. Erst wenn Sie genauer wissen, wie häufig Ihr Problemverhalten oder Ihr erwünschtes Verhalten auftreten, können Sie realistisch planen, welches Ziel Ihre Veränderung haben soll, und exakt feststellen, ob Sie sich tatsächlich verändern.

Im folgenden finden Sie Hinweise, wie Sie Ihr Verhalten protokollieren und zählen können, wie lange Sie zählen sollten, welche Schwierigkeiten dabei auftreten und was Sie dagegen tun können.

Es ist günstig, wenn Sie mit einer genauen Beobachtung Ihres Verhaltens vor der systematischen Veränderung beginnen, sie während des Veränderungtrainings weiterführen und die Effekte anschließend noch einmal durch eine Nachbeobachtung kontrollieren.

Die Beobachtung hilft Ihnen:

(1) Fragen zu klären, die Sie bei der Analyse Ihres Verhaltens noch nicht genau beantworten konnten.

(2) Das Ziel, das Sie erreichen wollen, genau festzulegen und zu entscheiden, welches Verhalten Sie in welchem Ausmaß ändern möchten.

(3) Hinweise dafür zu finden, wie Sie bei Ihrer systematischen Veränderung vorgehen können, ob Sie bei den Signalreizen und/oder bei den Konsequenzen ansetzen sollten, ob Sie ein störendes Verhalten abbauen und/oder ein neues Verhalten aufbauen sollten.

(4) Die Wirksamkeit Ihres Veränderungsplans zu überprüfen; wenn Sie Ihr Verhalten während der Durchführung Ihres Veränderungsplans weiter beobachten, können Sie sofort herausfinden, ob Ihr Training den erwünschten Erfolg hat oder ob Sie Ihren Plan abändern müssen.

(5) Die Stabilität Ihres neuen Verhaltens zu kontrollieren; wenn Sie Ihren Veränderungsplan erfolgreich durchgeführt haben und mit der Verhaltensbeobachtung noch fortfahren, dann erkennen Sie sehr schnell, ob Ihr erwünschtes Verhalten auch stabil bleibt oder ob Sie einige Teile aus Ihrem Veränderungsplan noch etwas weiterführen sollten.

Verhaltensprotokolle zur Klärung Ihrer Verhaltensketten

Wenn Sie noch nicht ganz sicher sind, ob Ihre Problemanalyse auch stimmt, dann können Sie das am besten klären, indem Sie Tagebuch führen und alles, was Ihnen wichtig erscheint, sofort aufschreiben. Sie notieren sich, nach welchen Signalreizen Ihr Problemverhalten auftritt, wie es sich äußert, welche Konsequenzen darauf folgen. Sie halten fest, wie Ihr erwünschtes Verhalten aussieht und wodurch es beeinflußt wird.

Ich reagiere anderen gegenüber oft gereizt und habe unkontrollierte Wutausbrüche. Um herauszufinden, bei welchen Signalreizen ich so reagiere, führe ich Tagebuch.

Montag:

8.40: Komme 8 Minuten zu spät ins Büro. Ein Kollege sagt: ‚Na, wieder der Letzte!‘ Ich koche und antworte patzig.

11.20: Ein Kollege macht mich höflich und sachlich auf einen Fehler bei meiner Arbeit aufmerksam. Ich schweige, bin innerlich sehr wütend.

18.00: Komme müde, abgespannt nach Hause. E. will ins Kino. Sage ihr unfreundlich, daß ich müde sei. E. ist enttäuscht und sagt mürrisch: ‚Wenn man schon mal einen Vorschlag macht!‘ Ich schreie sie wütend an.

Abends fiel mir bei diesen drei Situationen auf: Wenn ich mich angegriffen, kritisiert oder überfordert fühle und wenn jemand eine Forderung an mich stellt, dann reagiere ich wütend und gereizt, gebe patzige Antworten, fresse Ärger in mich hinein. Dabei fühle ich mich unwohl, verstimmt, angespannt. Mein Herz schlägt schneller, meine Hände werden feucht. Meine Umwelt reagiert darauf ablehnend, verständnislos, läßt mich aber in Ruhe. Ich ziehe mich zurück, bin zunächst erleichtert, fühle mich aber dann recht mies und versuche mich zu rechtfertigen. Ich will jetzt noch genauer herausfinden, nach welchen Signalreizen mein Problemverhalten auftritt und nach welchen Signalreizen es nicht auftritt.

Um möglichst genaue Verhaltensprotokolle zu machen und nichts zu vergessen, ist es am günstigsten, wenn Sie immer ein kleines Notizbuch oder ein Stück Papier bei sich haben, in das Sie Ihre Beobachtungen sofort eintragen können. Das sollten Sie so lange machen, bis Sie genau wissen, in welcher Verhaltenskette Ihr Problemverhalten und Ihr erwünschtes Verhalten abläuft. Tragen Sie dann Ihre zusammengefaßten Beobachtungen in die Arbeitsblätter 11 und 12 ein.

Arbeitsblatt 11   Mein Problemverhalten als Verhaltenskette an Hand der Beobachtungsprotokolle

Fassen Sie die Informationen zusammen, die Sie durch Ihre Tagebuchprotokolle gewonnen haben.

Signalreize, die das Verhalten auslösen	Häufigkeit/ Stärke
a)	
b)	
c)	
d)	
e)	

Mein typisches Problemverhalten	Häufigkeit/ Stärke
a)	
b)	
c)	
d)	
e)	

Konsequenzen, die mein Verhalten aufrechterhalten	Häufigkeit/ Stärke
a)	
b)	
c)	
d)	
e)	

Geben Sie durch Ausmalen des/der Pfeile an, wodurch Ihr Verhalten beeinflußt wird: durch Signalreize und/oder Konsequenzen.

Arbeitsblatt 12 Mein erwünschtes Verhalten als Verhaltenskette an Hand der Beobachtungsprotokolle

Fassen Sie hier die Informationen zusammen, die Sie durch Ihre Tagebuchprotokolle gewonnen haben.

Signalreize, die das Verhalten auslösen, aus-lösen können, im Ansatz auslösen	Häufigkeit/ Stärke
a)	
b)	
c)	
d)	
e)	

Mein erwünschtes Verhalten	Häufigkeit/ Stärke
a)	
b)	
c)	
d)	
e)	

Konsequenzen, die mein Verhalten hat	Häufigkeit/ Stärke
a)	
b)	
c)	
d)	
e)	

Geben Sie durch Ausmalen des/der Pfeile an, wodurch Ihr er-wünschtes Verhalten beeinflußt werden kann: durch Signalreize und/oder Konsequenzen.

Die systematische Beobachtung Ihres Verhaltens

Um das Ziel Ihrer Veränderung genau angeben, einen wirksamen Veränderungsplan aufstellen und kontrollieren zu können, ob er erfolgreich ist, sollten Sie genau und systematisch zählen, wie häufig Ihr Problemverhalten auftritt. Wie können Sie das am besten machen?

(1) Zunächst müssen Sie wissen, wie oft die für Sie wichtigen Signalreize auftreten. Wie oft pro Tag/pro Woche haben Sie überhaupt Gelegenheit, Ihr Problemverhalten und/oder Ihr erwünschtes Verhalten zu zeigen; und in wieviel Prozent dieser Fälle pro Tag/pro Woche tritt Ihr Problemverhalten und/oder Ihr erwünschtes Verhalten tatsächlich auf?

🐾 *Wutausbrüche:*
Wie oft tritt der Signalreiz auf (ich fühle mich kritisiert, angegriffen, überfordert)? Wie oft tritt im Zusammenhang mit diesem Signalreiz mein Problemverhalten auf (patzige Antworten oder Runterschlucken; mein Herz schlägt schneller)? Und wie oft tritt im Zusammenhang mit diesem Signalreiz mein erwünschtes Verhalten auf (ich reagiere ruhig und sachlich auf Kritik)? 🐾
Es gibt verschiedene Möglichkeiten, wie Sie Ihr Verhalten zählen können. Sie sollten ein System herauszufinden versuchen, welches für Sie persönlich am praktischsten ist.
Um Ihnen diese Arbeit etwas zu erleichtern, finden Sie auf der folgenden Seite mehrere Beispiele, die die verschiedenen Zählmöglichkeiten verdeutlichen.

(2) Dauert Ihr Verhalten nur kurze Zeit und tritt es mehrmals täglich auf, dann ist es günstiger, einfach zu zählen, wie oft es auftritt (Anzahl der Zigaretten, Wutausbrüche, Mahlzeiten).
Wenn Ihr Verhalten nur einmal am Tag oder seltener auftritt und wenn es längere Zeit andauert (Stunden, die Sie arbeiten, schlafen, nichts tun), dann ist es besser, die zeitliche Dauer Ihres Verhaltens zu zählen.
Zusätzlich können Sie noch die Intensität Ihres Verhaltens zählen (Anzahl der Kalorien, die Sie zu sich nehmen, Stärke der Wutausbrüche).

(3) Wenn für Sie mehrere Aspekte wichtig sind, dann sollten Sie überlegen, ob Sie alle zählen oder ob Sie sich auf die wichtigsten beschränken.
Vermeiden Sie in jedem Fall ein zu kompliziertes Zählsystem, da es die systematische Beobachtung nur unnötig erschwert.

(4) Beim systematischen Zählen Ihres Verhaltens ist wichtig, daß Sie sofort notieren können, wenn der Signalreiz, das für Sie wichtige Verhalten oder auch die für Sie wichtige Konsequenz auftreten. Da diese Beobachtungen die Grundlage für Ihren Veränderungsplan bilden, müssen sie sehr genau sein. Das bedeutet: Sie brauchen eine Zählmöglichkeit, die immer griffbereit ist, die ge-

nau und einfach zu handhaben ist und die möglichst unauffällig sein sollte und mit der Sie nicht so sehr von Ihrem sonstigen Verhalten abweichen.

Man kann benutzen: Karteikarten, Zigarettenschachteln, auf die man ein Zeichen macht, wenn der Signalreiz, das Verhalten oder die Konsequenz auftritt; Blätter, die man einreißt; Schnüre, in die man einen Knoten macht; Pfennige, Streichhölzer, Chips, Zahnstocher, Heftklammern, die man im Lauf des Tages nach jedem Auftreten in ein bestimmtes Fach der Handtasche, in einer Hosen- oder Jackentasche anhäuft.

Sie finden für sich persönlich sicher noch ganz andere Möglichkeiten, wie Sie Ihr Verhalten zählen können. Ihrer Phantasie sind dabei kaum Grenzen gesetzt; achten Sie nur darauf, daß Sie die oben erwähnten Bedingungen nicht vergessen.

Ich rauche zuviel!
Signalreiz: *Wunsch zu rauchen, wenn ich mit anderen zusammen bin (A), wenn ich alleine arbeite (B).*
Zählsystem: *Immer, wenn ich den Wunsch habe, zu rauchen, mache ich auf der Schachtel einen Strich unter A oder B oder C (sonstiges); wenn ich tatsächlich rauche, mache ich daraus ein Kreuz. Abends kann ich dann zählen: 1. Wie oft der Signalreiz aufgetreten ist. 2. In wieviel Prozent der Fälle ich geraucht habe.*

Ich arbeite zuwenig!
Signalreiz: *Am Schreibtisch sitzen.*
Zählsystem: *Über meinem Schreibtisch bringe ich eine Karteikarte an. Dort trage ich ein: 1. Von wann bis wann ich an meinem Schreibtisch sitze. 2. Wie lange ich in dieser Zeit tatsächlich gearbeitet habe.*

Ich bin unsicher, wenn ich mit Autoritäten zusammen bin.
Signalreiz: *Zusammensein mit Autoritäten (Vorgesetzten, Lehrern oder Personen, die sich sehr bestimmt verhalten).*
Zählsystem: *In meiner Hosentasche habe ich grüne und rote Perlen. Immer wenn ich in einer Situation mit ‚Autoritäten‘ bin und es nicht schaffe, etwas zu sagen, tue ich rote Perlen in eine kleine Geldbörse. Schaffe ich es, etwas zu sagen, tue ich grüne Perlen in die Geldbörse. Abends weiß ich dann genau, wie oft die schwierige Situation insgesamt aufgetreten ist (rote und grüne Perlen), wie häufig ich mein Problemverhalten gezeigt habe (rote Perlen) und wie häufig ich mein erwünschtes Verhalten gezeigt habe (grüne Perlen).*

Ich nasche immer zuviel zwischen den Mahlzeiten.
Signalreiz: *Appetit zwischen den Mahlzeiten.*
Zählsystem: *Wenn ich zwischen den Mahlzeiten etwas gegessen habe, trage ich die Kalorien auf einer Karteikarte ein. Außerdem schreibe ich auf, wieviel Kalorien ich bei den Mahlzeiten zu mir*

nehme. So kann ich abends genau auszählen, wieviel Kalorien ich insgesamt am Tag zu mir genommen habe und wieviel Kalorien ich zwischen den Mahlzeiten zu mir genommen habe. 🥚🥚

🥚🥚 *Ich lobe meine Kinder zu selten.*

Es gibt bei uns oft Krach, weil meine Kinder kleine Aufgaben im Haushalt nicht erledigen, obwohl wir es so abgesprochen hatten. Wir haben gemeinsam herausgefunden, daß es damit zusammenhängt, daß ich sie eigentlich nie lobe, wenn sie etwas erledigen. Lob ist aber die Konsequenz, die bei meinen Kindern das ,Absprachen-Einhalten' verstärken und fördern würde. Wir haben deshalb das folgende Zählsystem vereinbart: In der Diele hängt ein Zettel, auf dem die Kinder jeweils einen Strich machen unter: A: Mutti hat gelobt, und unter B: Mutti hat nicht gelobt. Abends weiß ich dann genau, wie oft die Situation ,die Kinder erwarten ein Lob von mir' aufgetreten ist und in wieviel Prozent der Fälle ich sie auch wirklich gelobt habe. 🥚🥚

Überdenken Sie alles noch einmal, und entscheiden Sie sich dann, was Sie zählen wollen und wie Ihr tägliches Zählsystem aussehen soll. Tragen Sie diese Angaben dann in Arbeitsblatt 13 ein.

⑤ Es ist günstig, wenn Sie Ihre täglichen Aufzeichnungen in ein längerfristiges Schema übertragen; dadurch bekommen Sie einen Überblick über Ihre gesamte Beobachtungszeit. Hierfür eignet sich am besten ein graphisches Schema, wie Sie es in Arbeitsblatt 14 finden. Um den zeitlichen Verlauf des Verhaltens übersichtlich darzustellen, sollten Sie die Zeiteinheiten auf der waagerechten und die Verhaltensweisen auf der senkrechten Achse eintragen.

Sie haben jetzt alle Vorbereitungen getroffen und können mit Ihrer Beobachtung anfangen. Achten Sie darauf, daß Sie Ihr Zählsystem ändern, wenn es sich als unpraktisch erweist.

Arbeitsblatt 13   Mein persönliches Zählsystem

Entscheiden Sie bitte, was Sie zählen wollen. Kreuzen Sie die Möglichkeiten an, die für Sie sinnvoll sind.

Ich will zählen:

◯ Wie oft ich Gelegenheit habe, mein Problemverhalten oder mein erwünschtes Verhalten zu zeigen, das heißt, wie oft die für mein Verhalten wichtigen Signalreize auftreten:

◯ Wie häufig pro Tag ich mein Problemverhalten oder mein erwünschtes Verhalten zeige:

◯ Wie lange (Minuten oder Stunden) mein Problemverhalten/mein erwünschtes Verhalten andauert:

◯ Wie intensiv mein Problemverhalten auftritt:

Mein tägliches Zählsystem (unauffällig, einfach zu benutzen und immer griffbereit) ist:

Arbeitsblatt 14   Graphik meines Verhaltens vor Beginn des Änderungsprogramms (Beispiel)

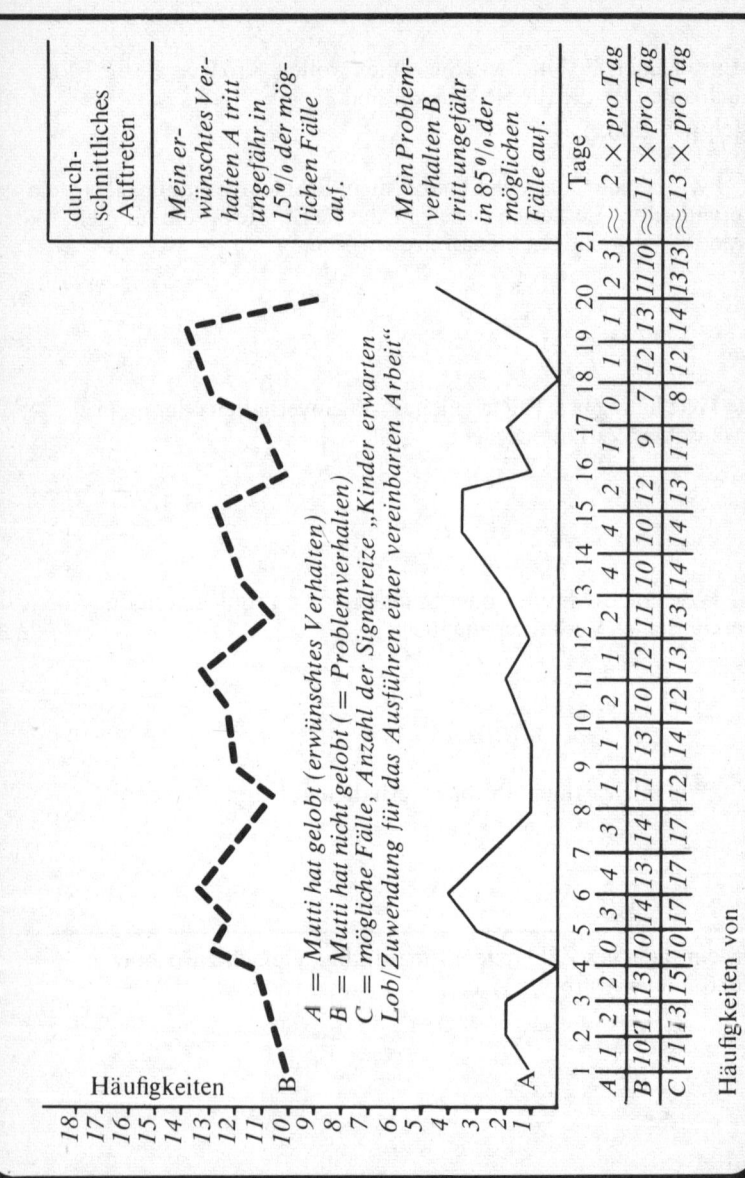

durchschnittliches Auftreten

Mein erwünschtes Verhalten A tritt ungefähr in 15% der möglichen Fälle auf.

Mein Problemverhalten B tritt ungefähr in 85% der möglichen Fälle auf.

Tage

≈ 2 × pro Tag
≈ 11 × pro Tag
≈ 13 × pro Tag

A = Mutti hat gelobt (erwünschtes Verhalten)
B = Mutti hat nicht gelobt (= Problemverhalten)
C = mögliche Fälle, Anzahl der Signalreize „Kinder erwarten Lob/Zuwendung für das Ausführen einer vereinbarten Arbeit"

Häufigkeiten

Häufigkeiten von

Arbeitsblatt 14 Graphik meines Verhaltens vor Beginn des Änderungsprogramms

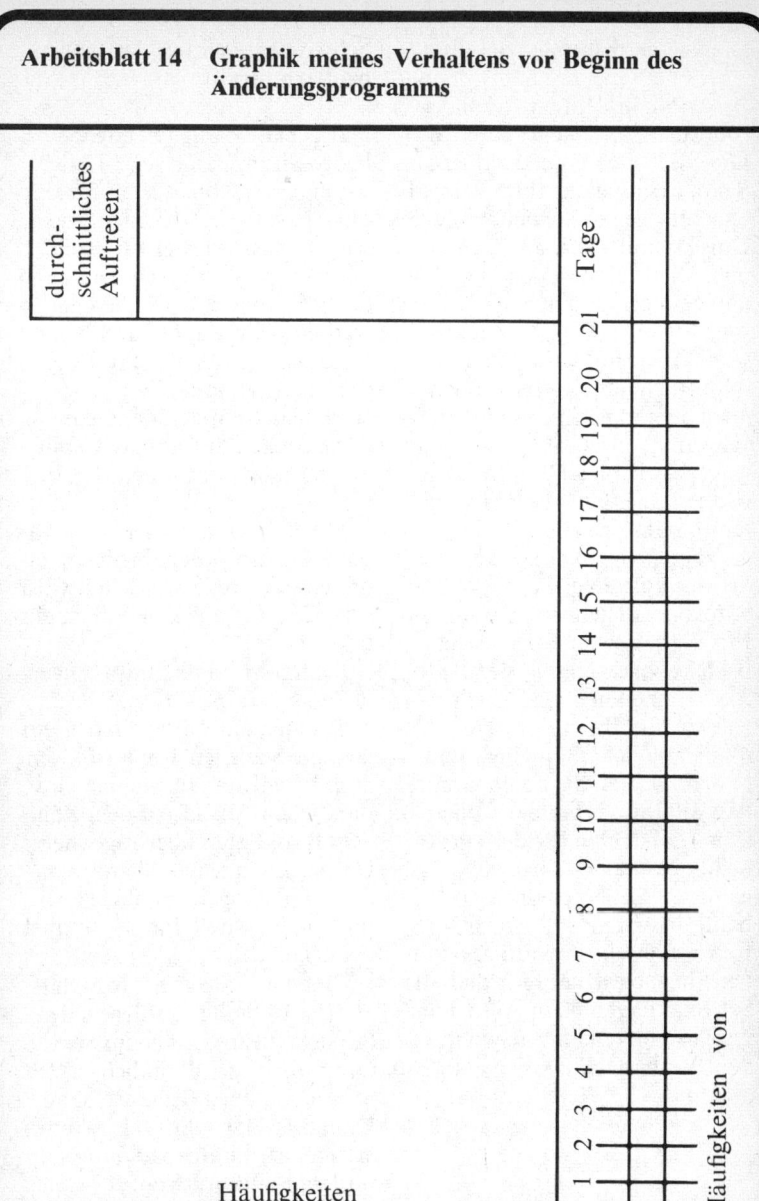

durch-
schnittliches
Auftreten

Tage

21 20 19 18 17 16 15 14 13 12 11 10 9 8 7 6 5 4 3 2 1

Häufigkeiten von

Häufigkeiten

Dauer der Selbstbeobachtung

Bevor Sie mit Ihrem Veränderungsplan anfangen, sollten Sie so lange beobachten und zählen, bis Sie die Häufigkeit Ihres Verhaltens sehr genau kennen und einen Durchschnittswert angeben können. Vielleicht können Sie schon nach einigen Tagen eine zuverlässige Aussage darüber machen, wie häufig Ihr Verhalten durchschnittlich auftritt. Es kann aber auch sein, daß Ihr Verhalten schwankt, dann sollten Sie es längere Zeit beobachten. Im allgemeinen ist es günstig, das Verhalten mindestens eine Woche lang zu zählen und bei starken Schwankungen etwa drei Wochen. Am sinnvollsten ist es, wenn Sie Ihr Verhalten so lange systematisch beobachten, bis Sie alle Informationen in den Kapiteln 5—8 gelesen und Ihren Veränderungsplan danach zusammengestellt haben. Achten Sie auch darauf, daß Sie Ihr Verhalten in einer Zeit beobachten, in der sonst nichts besonders Ungewöhnliches in Ihrem Leben passiert, das heißt, in einer Zeit, die für Ihr Leben typisch ist. Nur dann können Sie auch sicher sein, daß alle Schwankungen beim Auszählen im Zusammenhang stehen mit dem Verhalten, das Sie verändern möchten.

Schwierigkeiten bei der Selbstbeobachtung

Das genaue Zählen bei der Selbstbeobachtung kann sehr lästig werden. Manchmal ist es für uns unangenehm festzustellen, wieviel wir rauchen, wieviel wir essen, wie wenig wir arbeiten. Das kann dazu führen, daß wir lässiger werden beim Zählen und beim Eintragen etwas mogeln. Weil aber der Erfolg des Veränderungsplans von der Genauigkeit der Beobachtung abhängt, sollten Sie in diesem Fall folgende Hilfen benutzen:

◯ Sie können mit sich vereinbaren: „Du darfst dein Problemverhalten so oft zeigen, wie du willst, solange du es nur konsequent einträgst!"

◯ Damit Sie Ihre Eintragungen nicht vergessen, können Sie sie zusammen mit Tätigkeiten erledigen, die Sie jeden Tag ausführen. „Ich vervollständige meine Graphik jeden Abend vor dem Zähneputzen!" „Ich übertrage meine Häufigkeiten jeden Abend vor dem Schlafengehen, meine Graphik liegt deshalb immer auf meinem Nachttisch!"

◯ Belohnen Sie sich dafür, daß Sie Ihr Verhalten zählen, indem Sie sich abends, nachdem Sie Ihre Graphik ausgefüllt haben, etwas Schönes gönnen. Eine Belohnung kann alles das sein, was es Ihnen erleichtert, die Beobachtung sorgfältig auszuführen: gutes Essen, ein Buch, die Zeitung, Illustrierte lesen, Fernsehen, Kino. Anregungen, welche Belohnungen Sie einsetzen können, finden Sie in Kapitel 5.

(((Nach 3 Tagen wurde es sehr schwierig für mich, genaue Eintragungen der Kalorien zu machen. Es war mir peinlich, zu sehen, was ich gerade wieder verschlungen hatte. Am liebsten hätte ich die ganze Tabelle vergessen. Mir wurde aber klar, daß ich ohne systematische Beobachtung das Ziel für meinen Veränderungsplan nicht deutlich angeben und auch keinen wirksamen Veränderungsplan aufstellen konnte. Da habe ich schließlich meinen Mann gebeten, mir dabei zu helfen und besonders nett zu mir zu sein, wenn ich abends sagen kann: ,Ich habe es heute alles ganz genau eingetragen!' Er soll aber nicht schimpfen, wenn es nicht geklappt hat. Seitdem geht es viel besser. Mir hilft es sehr, da mein Mann weiß, wie schwer es mir fällt, und mich bei der Beobachtung unterstützt.)))

(((Ich habe mit mir ausgemacht: ,Wenn du genau beobachtest und die Häufigkeiten auch exakt aufschreibst, dann darfst du so lange mit einer Freundin telefonieren, wie du willst.' Darauf freue ich mich schon jeden Abend, und allmählich finde ich meine Graphik auch schon ganz interessant und aufschlußreich.)))

(((Ich überlege mir schon morgens, was ich mir abends Schönes zu Essen gönne, und

dann fällt mir die Beobachtung leicht und macht sogar Spaß.)))
Vielleicht entdecken Sie in Ihrer Graphik, daß die Häufigkeit Ihres Problemverhaltens abnimmt, obwohl Sie ganz korrekt gezählt haben. Ihr Verhalten kann sich tatsächlich verändert haben, denn bei etwa einem Drittel aller Menschen, die versuchen, sich zu verändern, nimmt das Problemverhalten allein schon durch die systematische Beobachtung ab. Das liegt daran, daß man durch die Beobachtung aufgeschlossener und sensibler für sein eigenes Verhalten wird, es genauer registriert und oft seine Einstellung dazu überprüft. Führen Sie in diesem Fall die Beobachtung weiter, um zu kontrollieren, ob diese günstige Veränderung sich noch verstärkt und ob sie auch stabil bleibt. Sollte sich zeigen, daß sie nicht stabil bleibt, dann überlegen Sie sich, durch welche systematische Übung Sie den Effekt noch verstärken können.
Es kann aber auch vorkommen, daß Sie beunruhigt erkennen: „Mein Problemverhalten wird häufiger, es nimmt zu!" Das liegt meist daran, daß Sie Ihr Verhalten allmählich genauer registrieren können. Meist war das Verhalten auch schon vorher in dieser Häufigkeit vorhanden, Sie haben es nur nicht so stark bemerkt.

(((Ich kaue an den Nägeln: Als ich die Häufigkeit meines Problemverhaltens zählte, kam ich nur auf 3mal pro Tag. Ich *war sicher, daß ich es häufiger tue, und vermute, daß ich ‚unbewußt' kaue. Zuerst wollte ich meinen Freund bitten, mein Verhalten zu zählen, aber das war mir zu peinlich. Deshalb habe ich mir überlegt, wie ich mir das Nägelkauen für die Beobachtung bewußtmachen kann. Ich habe versucht, 3 Tage lang morgens und abends je 5 Minuten ganz bewußt an den Nägeln zu kauen und alle Empfindungen, die ich dabei hatte, ganz bewußt zu erleben. Schon am 2. Tag fiel mir das Nägelkauen in den verschiedensten Situationen auf. Nach dem 3. Tag ‚bewußten Kauens' habe ich wieder angefangen zu zählen. Nach 4 Tagen stellte ich plötzlich fest, daß ich immer öfter an den Nägeln kaute. Als ich überlegte, war mir klar, daß ich nur genauer beobachte und mein Verhalten bewußter erlebe. Ich habe mein Verhalten 3 Wochen lang beobachtet. In der 2. Woche habe ich durchschnittlich 22mal gekaut. In der letzten Woche hat die Häufigkeit abgenommen. Ich bin sicher, daß ich alles genau registriert habe. Es ist mir sehr peinlich, an den Nägeln zu kauen, und ich habe mich dabei ertappt, daß ich jetzt sehr häufig schon im Ansatz abbreche, wenn ich es bemerke.*☺

Wenn Sie jetzt dabei sind, Ihr Verhalten zu beobachten, so können Sie nebenbei schon die nächsten Kapitel durchlesen und Ihren Veränderungsplan vorbereiten. Wie schon vorher erwähnt, ist es am günstigsten, wenn Sie sich so lange beobachten, bis Sie einen Durchschnittswert für die Häufigkeit Ihres Problemverhaltens angeben können. Dieser Wert sagt Ihnen zunächst, wie oft Sie Ihr Problemverhalten augenblicklich zeigen; weiterhin hilft er Ihnen festzulegen, welches Ziel für Sie realistisch ist. Oft wünschen wir uns als Ziel, daß das Problem völlig verschwindet oder daß das erwünschte Verhalten immer auftritt. Damit überfordern wir uns aber meistens. Deshalb kann es angebracht sein, einmal zu überlegen, welches Ziel man erreichen kann, ohne sich zu überfordern.

Arbeitsblatt 15   Das Ziel, das ich erreichen möchte

Für mich ist es wichtig:

Daß ich ein unerwünschtes Verhalten abbaue.

Daß ich ein unerwünschtes Verhalten abbaue
und ein erwünschtes Verhalten aufbaue.

Daß ich ein erwünschtes Verhalten aufbaue.

Das folgende Verhalten soll abnehmen:

Es tritt durchschnittlich zur Zeit . . .mal auf

Signalreize, die es steuern, sind:

Konsequenzen, die es aufrechterhalten, sind:

Ich möchte erreichen, daß es nur noch durchschnittlich
. . .mal auftritt.

Das folgende Verhalten soll zunehmen:

Es tritt zur Zeit durchschnittlich . . .mal auf.

Wichtige Signalreize und Konsequenzen sind:

Ich möchte erreichen, daß es durchschnittlich
. . .mal auftritt.

Kapitel 5

Die grundlegenden Verfahren für die systematische Verhaltensänderung

Überblick über die verschiedenen Verfahren

Sie sind jetzt schon sehr weit in Ihrem Veränderungsvorhaben. Sie haben Ihr Verhalten analysiert, kennen die Häufigkeiten Ihres Problemverhaltens sehr genau, und vor allem: Sie haben das Ziel, das Sie erreichen wollen, schon klar definiert. Jetzt geht es darum, sich mit den Strategien vertraut zu machen, mit denen Sie Ihr Ziel am besten erreichen können. Dazu geben wir Ihnen in diesem und in den folgenden Kapiteln Informationen, Hinweise und Anleitungen. Sie werden natürlich nicht alle Strategien anwenden können, da nicht jedes Vorgehen zur Veränderung Ihres persönlichen Problems geeignet ist. Am besten lesen Sie zunächst einmal sämtliche Kapitel durch, um sich einen Überblick zu verschaffen. Sie können beim Durchlesen auch sofort diejenigen Arbeitsblätter bearbeiten, die Ihnen für Ihr Problem wichtig zu sein scheinen. Sie können aber auch einige Verfahren, die Sie für günstig halten, kurz einmal ausprobieren oder mit anderen durchsprechen und sich erst dann entschließen, welche davon Sie in Ihr Änderungsprogramm aufnehmen wollen.

Im vorigen Kapitel haben Sie überlegt, wie Ihr Zielverhalten aussehen soll, ob Sie ein problematisches Verhalten abbauen, ein erwünschtes Verhalten aufbauen oder beides zugleich tun wollen. Wenn Sie sich vor dem Durchlesen der folgenden Kapitel Ihr Zielverhalten noch einmal vergegenwärtigen, können Sie sich besser orientieren, da Sie ja mit den dort beschriebenen Vorgehensweisen dieses Ziel erreichen wollen. Um es Ihnen noch weiter zu erleichtern, sich durch die Fülle von Informationen durchzuarbeiten, stellen wir Ihnen die Kapitel hier kurz vor.

Verhalten, das man als problematisch empfindet und gerne loswerden möchte oder das man erreichen möchte, ist oft sehr schwer in den Griff zu bekommen, weil man sich überfordert, weil man die Veränderung nicht sofort bemerkt und weil das neue Verhalten meist nicht unmittelbar angenehme Konsequenzen hat. Darum scheitern auch so viele mit ihren Änderungsprogrammen: Sie verlieren die Geduld, den Mut und geben auf. Kapitel 5 beschreibt deshalb zwei grundlegende Verfahren: „Systematische Bekräftigung" und „Veränderung von Verhalten in kleinen Schritten". Dadurch werden Schwierigkeiten bei der Durchführung eines systematischen Änderungsprogramms umgangen. Es spielt keine Rolle, welches Problem Sie bearbeiten wollen: ob Sie ein erwünschtes Verhalten aufbauen, ein unerwünschtes Verhalten abbauen oder ob Sie beides gleichermaßen tun wollen. Welche Vorgehensweisen Sie auch für Ihr persönliches Änderungsprogramm einsetzen wollen, diese beiden Verfahren sollten Sie unbedingt benutzen, denn sie sind entscheidend für die Erfolgschancen jeder systematischen Selbstveränderung.

(1) Systematische Bekräftigung: Verhaltensänderungen sind mit Training verbunden. Für die Mühe, die Sie auf sich nehmen, um das neue Verhalten zu üben, sollten Sie sich angemessen belohnen. Die Anleitung zum Sammeln von Bekräftigern hilft Ihnen, die für Sie wichtigen herauszufinden. Diese Bekräftiger können Sie dann ganz systematisch einsetzen, um sich die regelmäßige Durchführung bestimmter Übungen zu erleichtern.
→ Seite 77—84

(2) Veränderung von Verhalten in kleinen Schritten: Verhalten kann nicht gewaltsam, sondern nur langsam und schrittweise verändert werden. Sie finden deshalb eine Anleitung, wie Sie das neue Verhalten ganz allmählich erwerben können, ohne daß es für Sie unangenehm und belastend wird. Dieses Vorgehen hat sich bei Selbstveränderungsprogrammen als sehr erfolgreich

erwiesen, und es ist deshalb nachdrücklich zu empfehlen.
→ Seite 87—92

Kapitel 5 enthält ferner eine Anleitung zur körperlichen Entspannung. Viele Menschen stehen ständig unter Stress, unter Anspannung, und es gelingt ihnen nur ganz selten, körperlich entspannt und innerlich ganz ruhig zu sein. Ein Entspannungstraining, das Sie alleine durchführen können, ist eine zusätzliche Hilfe bei Ihrem Änderungsprogramm. Sie können es einsetzen, um allgemein mit unangenehmen Situationen, in denen Sie sich verspannt und verunsichert fühlen, besser fertig zu werden. In jedem Fall sollten Sie es praktizieren, wenn Sie ein angstfreies Verhalten aufbauen wollen.
→ Seite 93—95

Kapitel 6 stellt die wichtigsten Vorgehensweisen vor, mit denen Sie ein störendes Verhalten vermindern können. Anleitungen und Hinweise dieses Kapitels sind vor allem dann für Sie wichtig, wenn Sie herausgefunden haben, daß Ihr Verhalten stark durch Signalreize gesteuert wird. Wenn Sie zum Beispiel lernen wollen, bestimmten Versuchungen, wie Nahrung, Alkohol, Zigaretten oder Tabletten, zu widerstehen, so müssen Sie die Signalreize unter Kontrolle bekommen, die Ihr Problemverhalten auslösen.
→ Seite 96—109

Kapitel 7 gibt eine Anleitung zum Aufbau von neuen Verhaltensweisen. Die Übungen und

Arbeitsblätter können dann für Sie wichtig sein, wenn Sie lernen wollen, Ihre Gefühle und Empfindungen stärker zu äußern, ihre Bedürfnisse besser durchzusetzen oder verständnisvoller im Umgang mit anderen zu werden. Außerdem finden Sie in diesem Kapitel ein systematisches Training zum Aufbau von selbstsicherem und angstfreiem Verhalten.
→ Seite 110—133

Wenn Sie diese im Augenblick sicher erdrückende Fülle von Informationen erst einmal durchgegangen sind, wird es vermutlich für Sie viel klarer sein, was Sie davon für Ihren Änderungsplan im Zusammenhang mit der Analyse und der Beobachtung Ihres Problemverhaltens benutzen können. Mit den für Sie besonders wichtigen Vorgehensweisen sollten Sie sich dann nochmals intensiver beschäftigen.

Kapitel 8 leitet zur endgültigen Entscheidung für oder gegen eine systematische Interventionsplanung an und berät Sie abschließend über die zweckmäßigste Zusammenstellung Ihres persönlichen Änderungsprogramms.
→ Seite 134—140

Außerdem finden Sie in diesem Kapitel noch Hinweise und Informationen, wann Sie eine fachliche Beratung oder Therapie suchen sollen und welche Institutionen Ihnen dabei weiterhelfen können.
→ Seite 148—150

Auf jeden Fall nützlich ist es, wenn Sie sich mit anderen Menschen zusammenschließen, die ein ähnliches Problem haben und die es auch bearbeiten wollen. Denn die gemeinsame Durchführung eines Änderungsprogramms kann eine sehr große Unterstützung sein. Deshalb sollten Sie sich überlegen, ob Sie nicht lieber gemeinsam mit anderen arbeiten möchten. Hinweise, wie Sie einschlägig Interessierte finden können, stehen ebenfalls in Kapitel 8.
→ Seite 145—147

Aufbau und Veränderung von Verhalten durch Bekräftigung

Dieser Abschnitt über Bekräftigung ist für Ihr gesamtes Veränderungsprogramm entscheidend. Deshalb sollten Sie sich damit intensiv auseinandersetzen. Wenn Sie eine Verhaltensweise abbauen wollen, so bedeutet das in den meisten Fällen, daß Sie bestimmte Regeln einhalten, sich einschränken müssen. Deshalb ist es wichtig, daß Sie sich für die Mühe entschädigen, indem Sie sich belohnen, bekräftigen. Wenn Sie eine Verhaltensweise fördern, verstärken, neu lernen wollen, dann achten Sie darauf, daß Sie sich für das Zeigen des neuen Verhaltens sofort belohnen, damit es in Zukunft häufiger auftritt. Denken Sie daran, was Sie in Kapitel 2 über „Lernen durch Bekräftigung" gelesen haben. Sie erinnern sich sicher an folgende Gesetzmäßigkeit: Ein Verhalten tritt dann häufiger auf, wenn ihm eine angenehme Konsequenz folgt, wenn es sofort bekräftigt wird. Deshalb ist das systematische Bekräftigen Voraussetzung für Lernen und Aufbauen eines neuen Verhaltens. Unabhängig davon, wie Ihr persönlicher Veränderungsplan aussieht, welche Schrittfolge Sie zur Änderung Ihres Problemverhaltens aufstellen oder zur Förderung Ihres erwünschten Verhaltens planen: In jedem Fall sollten Sie viele Dinge, Ereignisse als Bekräftiger einsetzen können.

(1) Die Angaben und Fragen in Arbeitsblatt 16 sollen es Ihnen erleichtern, zunächst herauszufinden, welche Dinge oder Ereignisse Sie persönlich als Bekräftigung, Belohnung empfinden. (2) Arbeitsblatt 17 soll Ihnen abschätzen helfen, welche Bekräftiger eine eher geringe, mittlere, starke oder sehr starke Wirkung auf Sie haben. Für jedes Veränderungsprogramm ist es günstig, möglichst viele verschiedene Bekräftiger zu haben; denn eine große Auswahl verhindert, daß Sie bestimmter Bekräftigungen überdrüssig werden. Sie finden hier auch kurze Hinweise, wie Sie herausfinden können, welche der Bekräftiger ihre Wirkung schnell verlieren können und dadurch unbrauchbar werden und welche Bekräftiger nicht immer verfügbar sind, so daß es sich nicht empfiehlt, sie ohne weiteres einzusetzen.

Unterstreichen Sie alles, was für Sie angenehm ist, und ergänzen
Sie die Angaben:

(A) Speisen: Süßigkeiten, Eis, Obst, Kuchen, Nüsse, Kekse, Brot,
Salat, Joghurt, Pudding

(B) Alkoholfreie Getränke: Wasser, Milch, Tee, Kaffee, Sprudel

(C) Alkoholische Getränke: Bier, Wein, Sekt, Schnaps

(D) Männer, Frauen treffen, die: gut aussehen, intelligent sind, eine
Position haben, interessant sind

(E) Probleme lösen: Kreuzworträtsel, mathematische Aufgaben,
technische Probleme

(F) Musik hören: klassische Musik, Opern, Operetten, Musicals,
Chansons, Jazz, Soul, Schlager, Volkslieder

(G) Musik machen: Singen, Klavier, Flöte, Geige, Gitarre,
Schlagzeug spielen

(H) Sport sehen: Fußball, Leichtathletik, Schwimmen, Skilaufen,
Autorennen, Boxen, Tanzen

(I) Sport treiben: Fußball, Volleyball, Laufen, Schwimmen, Reiten,
Skilaufen, Autorennen, Boxen, Tanzen

(J) Radio hören/Fernsehen: Berichte, Hörspiele, Magazine, Shows

(K) Lesen: Illustrierte, Zeitungen, Krimis, Romane, Abenteuer-
geschichten, Biographien, Reiseberichte, Lyrik, Comics, Pornos,
Liebesgeschichten, Fachliteratur

(L) Einkaufen: Platten, Bücher, Lebensmittel, Kleidung, Kosmetik, Haushaltswaren, Autozubehör

(M) Erotik/Sex: Nackte Männer, Frauen ansehen, anfassen, flirten, streicheln, schmusen, bumsen, onanieren

(N) Gelobt werden wegen: Aussehen, Charme, Arbeit, Intelligenz, Körperkraft, Hobbies, Sport, Charakter, Moral, Verständnis für andere

(O) Ruhe, Entspannung: Schlafen, Dösen, Yoga, Meditation

(P) Zusammensein/Gespräche mit: Bekannten, Freunden

(Q) Ausgehen: Restaurant, Kneipe, Lokal, Kino, Theater, Café, Friseur, Diskothek, Party

(R) Hygiene: Duschen, Baden, Schaumbad, Massage, Sauna

(S) Mit sich zufrieden sein wegen: Leistung, Aussehen, Verhalten im Beruf, im Privatleben

(T) Recht haben: bei Streit, Diskussion

(U) Tiere: Hunde, Katzen, Vögel

(V) Werken/Basteln/Handarbeit

(W) Ausflüge: Landschaft, Sehenswürdigkeiten

(X) Was tun Sie, wenn Sie sich trösten, wenn Sie sich etwas gönnen wollen:

(Y) Wen möchten Sie auf keinen Fall verlieren:

(Z) Wofür würden Sie viel Unangenehmes in Kauf nehmen, um es nicht zu verlieren:

(1) Bekräftigungen mit eher kleiner Wirksamkeit:

(2) Bekräftigungen mit mittlerer Wirksamkeit:

(3) Bekräftigungen mit starker Wirksamkeit:

(4) Bekräftigungen mit sehr starker Wirksamkeit:

Sie sollten nach Möglichkeit viele Bekräftigungen mit kleiner und mittlerer Wirksamkeit und einige mit starker und sehr starker Wirksamkeit zur Verfügung haben. Manche Bekräftigungen, wie Schokolade, verlieren ihre Wirkung sehr schnell. Klammern Sie derartige Bekräftigungen ein. Falls Sie sie dennoch verwenden wollen, sollten sehr viele davon vorhanden sein.
Eine Belohnung muß verfügbar sein. Die Anerkennung und Zuwendung eines Freundes ist zum Beispiel nicht so verfügbar wie eine Tasse Kaffee. Streichen Sie alle Bekräftigungen, bei denen Sie unsicher sind, ob sie auch wirklich verfügbar sind.

Schwierigkeiten beim Sammeln von Bekräftigern

Es kann sein, daß Sie beim Ausfüllen der Arbeitsblätter plötzlich feststellen: „In meinem Leben gibt es nichts oder nur sehr wenig, was mich bekräftigt, was mir Spaß macht, womit ich mich belohnen könnte." Das kann ein Zeichen dafür sein, daß Ihre jetzige Lebensweise für Sie sehr unbefriedigend ist. Jeder Mensch braucht Dinge, Ereignisse, auf die er sich freuen kann. Wenn Sie merken, daß Ihnen kaum etwas Freude macht, sollte das in jedem Fall ein Anlaß für Sie sein, Ihre augenblickliche Situation zu überdenken.

Die Schwierigkeit, gute Bekräftiger zu finden, kann aber auch im Zusammenhang stehen mit Ihrem Problemverhalten. Oder Sie haben alles und möchten auf nichts verzichten. Dann haben Sie die Möglichkeit, nach folgendem Prinzip zu verfahren:

Sie können ein Verhalten, das Sie nachträglich zeigen, das also häufig auftritt, als Bekräftigung für das Verhalten benutzen, das selten auftritt und das häufiger werden soll. Wenn Sie von dieser Möglichkeit Gebrauch machen wollen, versuchen Sie Dinge herauszufinden, die Sie jeden Tag erledigen: zum Beispiel waschen, aufräumen, essen, Zähne putzen. Diese Tätigkeiten können Sie dann an Stelle einer Bekräftigung einsetzen. Sie sollten aber darauf achten, daß diese Tätigkeiten möglichst neutral bis angenehm sind; auf keinen Fall dürfen sie unangenehm sein, damit sich die unangenehmen Gefühle nicht auf das neue Verhalten übertragen. Diese Tätigkeiten dürfen Sie erst dann verrichten, wenn Sie Ihre Übung erledigt, Ihr erwünschtes Verhalten gezeigt haben. Das erwünschte Verhalten, das Sie noch nicht so oft zeigen, wird so fest an etwas gebunden, das Sie regelmäßig tun. Und dadurch wird Ihr erwünschtes Verhalten ebenfalls häufiger auftreten.

Wenn Sie dieses Prinzip anwenden wollen, dann überlegen Sie: Was tun Sie jeden Tag? Welche Tätigkeiten erledigen Sie regelmäßig und ganz selbstverständlich, ohne daß sie Ihnen unangenehm sind (Fernsehen, waschen, baden, duschen, Zähne putzen, schlafen, sich unterhalten, lesen, essen, Kaffee, Tee trinken . . .), oder welches Verhalten, das Ihnen angenehm ist, Ihnen Spaß und Freude macht, zeigen Sie an Stelle des erwünschten Verhaltens?

Schwierigkeiten, den Sinn von systematischer Bekräftigung einzusehen

Es kann sein, daß es Sie abstößt, herauszufinden, was Ihnen Spaß machen könnte, oder daß Sie der Ansicht sind: „Das Ziel, das ich erreichen will, ist mir wichtig genug. Weitere Bekräftigung brauche ich nicht!" Diese Einwände sind berechtigt und durchaus verständlich. Wir möchten Ihnen aber trotzdem empfehlen, die Arbeitsblätter zu benutzen, denn:

①Viele Vorsätze werden deshalb nicht realisiert, weil die Hoffnung darauf, daß sich etwas ändert, allein nicht ausreicht. Denken Sie nur an die guten Vorsätze, die wir jedes Jahr von neuem fassen und nie ausführen.

②Erfahrungsgemäß können wir ein Ziel, das weit entfernt und schwer zu erreichen ist, nur in kleinen Schritten ansteuern; und zwar in kleinen Schritten, für die wir immer mit etwas Angenehmem belohnt werden.

③Solange ein Verhalten für uns noch nicht selbstverständlich ist, müssen wir es immer wieder neu üben, um es zu verfestigen. Es wird um so häufiger auftreten, je mehr angenehme Erfahrungen wir damit machen. Es wird um so schneller in unser Verhaltensrepertoire eingehen, je öfter es belohnt, bekräftigt wurde.

④Ein Verhalten, das zur Zeit noch nicht durch sich selbst belohnend ist, können wir allmählich lernen, indem wir es mit äußerer Belohnung koppeln.

Es kann sein, daß Ihnen diese Argumente und Hinweise nicht helfen, das unangenehme Gefühl zu überwinden, das Sie bei der Suche nach Belohnungen befällt. Dann sollten Sie sich einmal überlegen, welche Möglichkeiten Sie haben, sich selbst zu loben, sich zu zeigen, daß Sie mit sich zufrieden sind; oder auf welche Art und Weise Sie sich soziale Belohnungen, Anerkennung durch andere verschaffen können. Vielleicht ist es angenehmer und leichter für Sie, anstatt äußerer Belohnungen systematisch die verbale Selbstbekräftigung einzusetzen. In diesem Fall loben Sie sich selbst, unmittelbar nachdem Sie einen Schritt in Ihrem Änderungsprogramm gemacht haben. Sie können sich für die Übung laut oder leise verbal bekräftigen. Wichtig ist nur, daß sich die verbale Selbstbekräftigung auf den Schritt, die Übung bezieht. Wenn Sie zum Beispiel einer Versuchung widerstanden haben oder einen Schritt geschafft haben, können Sie zu sich sagen: „Das war schon sehr gut, mach nur weiter so!"

Effektive Bekräftigung durch Symbole

Falls Sie das erwünschte Verhalten zeigen, aber keine Möglichkeit haben, sich sofort zu bekräftigen, können Sie die Zwischenzeit mit einem symbolischen Bekräftiger überbrücken. Das kann ein Chip, eine Karteikarte, ein Pfennig, eine Spielmarke sein. Diese Symbole entsprechen unserem Geldsystem: Sie haben für Sie einen bestimmten Wert, den Sie später gegen einen oder mehrere Bekräftiger eintauschen. Das hat verschiedene Vorteile:

① Sie können sich immer sofort bekräftigen, wenn Sie das erwünschte Verhalten gezeigt haben.

② Sie haben die Möglichkeit, jedes Symbol gegen verschiedene Bekräftiger einzutauschen.

③ Sie können die Symbole wenig später gegen eine kleine Bekräftigung eintauschen oder sie so lange sammeln, bis sie für eine große Bekräftigung ausreichen.

④ Durch Bekräftigung mit Symbolen tritt nicht so schnell eine Sättigung ein.

Dieses Vorgehen setzt voraus, daß Sie vorher genau festlegen, was Sie tun müssen, um 1 Symbol zu bekommen, und für wieviel Symbole Sie welche Bekräftiger kaufen können.

Ich bekomme wahlweise für:
1 Symbol: Tasse Kaffee, Tee, Kakao, Tüte Gummibärchen
2 Symbole: ¹/₄ Krabben, Schinken, Glas Wein, Zeitungen
3 Symbole: 1 Stunde Krimi lesen, Basteln, Fernsehen
4 Symbole: neues Taschenbuch, 2 Stunden Schwimmen, Bowling, Billard, mit Freunden reden
5 Symbole: Essen gehen, Kino, Theater, Konzert, Sauna, Schallplatte oder Buch (für DM 20,—).

Anstatt zu arbeiten, tue ich Dinge, die mir Spaß machen. Diese Dinge will ich systematisch als Bekräftiger für ,erwünschtes Arbeitsverhalten' einsetzen:
1 Symbol: ¹/₄ Stunde Illustrierte oder Zeitung lesen
2 Symbole: ¹/₂ Stunde Illustrierte, Zeitung oder Comics lesen
3 Symbole: ³/₄ Stunden alles Vorherige oder Fernsehen
4 Symbole: 1 Stunde alles Vorherige oder Krimi lesen
5 Symbole: 1¹/₂ Stunden alles Vorherige und telefonieren
6 Symbole: 2 Stunden alles Vorherige und Hobby

Welche Art der Belohnung, der Bekräftigung Sie auch für sich verwenden wollen — eines sollten Sie immer berücksichtigen: Belohnen Sie sich sofort, nachdem Sie eine Aufgabe, einen Schritt Ihres Trainingsprogramms erledigt haben. Denn nur so wird das neue Verhalten mit der angenehmen Konsequenz gekoppelt.

Überlegen Sie, welche Bekräftigungsmöglichkeiten Sie für Ihren
Veränderungsplan einsetzen können. Übertragen Sie die Angaben,
die Sie in den Arbeitsblättern 16 und 17 gemacht haben.

①Neutral-angenehme Tätigkeiten, die ich regelmäßig erledige,
oder Abläufe, die regelmäßig auftreten:

②Bekräftigungen nach ihrer Wirksamkeit für mich geordnet sind:
a) eher kleine Wirksamkeit:

b) mittlere Wirksamkeit:

c) starke Wirksamkeit:

d) sehr starke Wirksamkeit:

③Soziale Bekräftigungsmöglichkeiten:

④Selbstbekräftigung, indem ich zu mir sage:

⑤Bekräftigung durch Symbole:

Was bekomme ich genau für:
 1 Symbol:
 2 Symbole:
 3 Symbole:
 4 Symbole:
 5 Symbole:
 8 Symbole:
10 Symbole:

„Und warum soll ich mich nicht bestrafen?"

Immer nur belohnen. Bei den vielen Fehlern, die ich immer mache, fände ich es gut, wenn ich mich auch ab und zu bestrafe!

Dein Problem ist doch, daß du in Gruppen schwer etwas sagen kannst. Und du möchtest doch lernen, dich in Gruppen zu äußern?

Ja, und wenn ich nichts sage, dann müßte ich mich eben bestrafen, weil ich nicht das schaffe, was ich mir vorgenommen habe.

Nun, ich könnte mir vorstellen, daß du, wenn du es nicht schaffst, etwas zu sagen, dich ganz mies fühlst und dich unheimlich ärgerst.

Na klar und wie! Ich bin dann auch ganz verkrampft, unsicher und sehr unzufrieden mit mir!

Ja, aber das ist doch schon Strafe genug, die du dabei hast. Und bringt dich das dazu, daß du lernst, wie du in Gruppen etwas sagen kannst?

Nee, eigentlich ist es mir auch klar, daß man durch Strafe kein neues Verhalten lernt. Ich glaube, es ist doch wohl besser, daß man sich belohnt, wenn man etwas von dem erwünschten Verhalten zeigt!

Ja, dabei hat man dann auch mehr angenehme Gefühle, das ermutigt viel mehr. Aber es ist doch seltsam, man ist so richtig daran gewöhnt, sich selbst und andere zu bestrafen!

Das stimmt, man ist von Kind auf daran so gewöhnt, daß man gar nicht mehr überlegt, was man mit Bestrafung erreicht; aber was meinst du, ob man überhaupt nicht mit „Selbstbestrafung" arbeiten sollte?

Manchmal läßt es sich nicht vermeiden; wenn es zum Beispiel wichtig ist, ein ganz unerwünschtes Verhalten unter Kontrolle zu kriegen, dann kann man es so erst mal unterdrükken.

Aber dann müßte man sich sehr genau überlegen, welche Strafe man einsetzen könnte!

Man sollte auf jeden Fall die unangenehmen Gefühle, die eine Bestrafung nach sich zieht, so gering wie möglich halten.

Eigentlich ist es ja auch schon eine Art Strafe, wenn man seine Belohnung nicht bekommt.

Du meinst, wenn man seine Übung nicht einhält, dann darf man sich auch nicht belohnen? Ja, natürlich, das ist auch eine Form von Bestrafung, und die ist auch nicht gerade angenehm.

Aber ich glaube, das ist noch die beste Möglichkeit, wenn man überhaupt mit Bestrafung arbeiten will.

Veränderung von Verhalten in kleinen Schritten

In diesem Abschnitt finden Sie eine Anleitung, wie Sie sich Ihrem Zielverhalten allmählich nähern können. Dabei benutzen Sie ganz systematisch die Erfahrung:

⭘ daß wir ein schwieriges Ziel, das weit weg ist, kaum erreichen, wenn wir von uns sofort ein perfektes Verhalten verlangen, sondern nur, wenn wir den Weg dorthin in kleine Schritte unterteilen, die wir gut bewältigen können und die uns auf keinen Fall überfordern,

⭘ daß ein Verhalten in Zukunft häufiger auftritt, wenn wir es sofort bekräftigen.

Während der systematischen Beobachtung (Arbeitsblatt 14 → Seite 68) haben Sie bereits herausgefunden, wie häufig Ihr Problemverhalten und/oder Ihr erwünschtes Verhalten durchschnittlich auftritt. Und Sie haben das Ziel, das Sie erreichen wollen, auch schon genau beschrieben (Arbeitsblatt 15). Aus diesen Angaben können Sie nun errechnen, wie groß die Differenz zwischen Ihrem durchschnittlichen Problemverhalten und dem angestrebten Zielverhalten ist. Diese Differenz zwischen erwünschtem und augenblicklich gezeigtem Verhalten unterteilen Sie jetzt in gleichmäßig kleine Schritte. Am günstigsten ist es, wenn Sie das durchschnittlich gezeigte Verhalten als Ausgangspunkt nehmen, da Sie so sicher sein können, daß Sie diese Stufe leicht schaffen. Sie können eventuell auch eine ganz kleine Stufe darüber beginnen. Manchmal fällt es uns ziemlich schwer, so tief unten anzufangen. Wir glauben, es sei unter unserer Würde, und finden es selbst beschämend, wie häufig wir das Problemverhalten zeigen und wie selten das erwünschte Verhalten auftritt. Auch wenn es Sie Überwindung kostet — fangen Sie trotzdem unten an, und bekräftigen Sie sich dafür, daß Sie dort angefangen haben.

Legen Sie bei der Beschreibung der Übungsschritte, mit denen Sie sich allmählich Ihrem Ziel annähern, genau fest, wie oft und wie lange Sie jeden einzelnen Schritt üben und womit Sie sich für jede Übung bekräftigen wollen. Es ist wahrscheinlich besser, wenn Sie mit der genauen Festlegung der einzelnen Stufen und der Eintragung in Arbeitsblatt 19 noch warten, bis Sie die folgenden Kapitel durchgelesen haben, da Sie diese Informationen zur Spezifizierung Ihrer Schritte vielleicht brauchen. Wenn Ihnen aber bereits klar ist, was und wie Sie üben können, wenn es sich ganz einfach aus Ihrem Problem und Ihrem Ziel ergibt, dann können Sie die Übungsschritte natürlich schon jetzt eintragen. Wie ein Übungsplan aussehen kann, zeigen die folgenden Beispiele.

⭘ *Lesen von Fachbüchern:* Ausgangspunkt: *Ich lese pro Tag durchschnittlich 7 Minuten in einem Fachbuch.*

Zielverhalten: *Ich möchte pro Tag 1 Stunde in einem Fachbuch lesen.*

Mein vorläufiger Plan sieht folgendermaßen aus:

1. Schritt: *Ich will 3 Tage lang jeden Nachmittag 7 Minuten in einem Fachbuch lesen.*

2. Schritt: *Ich will 10 Minuten pro Tag lesen. Wenn ich es 3 Tage hintereinander geschafft habe, gehe ich über zum*

3. Schritt: *Ich will 15 Minuten pro Tag lesen. Erst wenn ich dies 3 Tage hintereinander geschafft habe, gehe ich über zum*

4. Schritt: *Ich will 25 Minuten pro Tag lesen. Wenn ich es 3 Tage hintereinander geschafft habe, gehe ich über zum*

5. Schritt: *Ich will 30 Minuten pro Tag lesen. Habe ich auch diesen Schritt 3 Tage hintereinander erfolgreich bewältigt, dann gehe ich über zum letzten, dem*

6. Schritt: *Ich will pro Tag eine Stunde lesen. Für jede Übung gebe ich mir sofort hinterher einen Chip, und diese Chips kann ich eintauschen gegen:*

1 Chip: *1 Cola, Tasse Kaffee, Flasche Bier.*

2 Chips: *Kaffee und Kuchen oder eine Sendung Fernsehen oder 1 Stunde Krimi lesen.*

3 Chips: *Zum Abendbrot was Schönes essen oder lesen, was ich will.*

4 Chips: *Essen gehen (allein oder mit Freunden).*

5 Chips: *Ins Kino gehen, Bierabend, Skat mit Freunden.*

6 Chips: *Freunde einladen, zusammen etwas trinken oder mit Freunden gemeinsam etwas unternehmen.*

Was Sie unbedingt beachten sollten:

(1) Legen Sie die für Sie persönlich wichtigen Schritte ganz genau fest.

(2) Fangen Sie ganz niedrig an, am besten mit dem Verhalten, das Sie durchschnittlich während Ihrer Beobachtung gezeigt haben, oder eine ganz kleine Stufe darüber.

(3) Die einzelnen Schritte sollten sehr klein sein, damit Sie sich nicht überfordern.

(4) Probieren Sie jeden Schritt systematisch aus, üben Sie ihn regelmäßig.

(5) Gehen Sie erst zum nächsten Schritt über, wenn Sie den vorherigen ohne Schwierigkeit bewältigen können.

(6) Belohnen Sie sich sofort angemessen für jede Übung.

Wenn Sie mit Ihrem Plan nicht zurechtkommen, einen Schritt nicht bewältigen, dann sollten Sie möglichst flexibel sein und Ihren Plan umstellen, denn es kann daran liegen,

○ daß die Schritte zu schwierig waren; dann müssen Sie kleinere Zwischenschritte einbauen oder mehr Zeit als vorgesehen für die einzelnen Schritte ansetzen,

○ daß Sie den vorherigen Schritt noch nicht vollständig bewältigt haben; dann sollten Sie auf die frühere Stufe zurückgehen und diese noch einmal üben,

○ daß Ihre Bekräftiger eine zu schwache Wirksamkeit haben; dann sollten Sie stärkere Bekräftiger einsetzen.

◯◯ *Wutausbrüche, ruppig und grob sein.*

Ausgangspunkt: *Es tritt durchschnittlich 10mal pro Tag auf gegenüber meiner Frau, guten Bekannten, Arbeitskollegen und Fremden, wenn ich mich überfordert fühle, kritisiert oder angegriffen werde.*

Zielverhalten: *Ich möchte, daß dieses Verhalten nur noch 2mal oder seltener auftritt — nur dann, wenn es angebracht ist.*

Ich beschloß, zuerst mein Verhalten gegenüber meiner Frau in Angriff zu nehmen. Das erschien mir am einfachsten zu sein, da ich es mit ihr vorher durchsprechen und mit ihrer Hilfe rechnen konnte.

1. Schritt: *Wenn meine Frau eine Forderung an mich stellt, will ich nicht gleich aufbrausen, sondern ruhig bleiben. Ich will diesen Schritt so lange üben, bis es mir nicht mehr schwerfällt. Bevor ich zum nächsten Schritt übergehe, muß ich den Schritt 10mal hintereinander ohne Anspannung gut geschafft haben.*

2. Schritt: *Meine Frau kritisiert mich und stellt eine Forderung an mich. Ich übe den vorherigen Schritt natürlich weiter mit; wenn es mir nicht mehr schwerfällt, das neue Verhalten zu zeigen, blende ich die Belohnung für diesen Schritt allmählich aus und bekräftige mich nur für das neue Verhalten „Ich werde von meiner Frau kritisiert".*

3. Schritt: *Meine Frau greift mich an, kritisiert mich, stellt eine Forderung an mich. Ich übe den Schritt so lange, bis ich ihn 10mal ohne innere Anspannung geschafft habe, dann gehe ich zum nächsten Schritt über. Nachdem ich es geschafft habe, mein Verhalten meiner Frau gegenüber in diesen 3 Situationen zu ändern, will ich versuchen, das neue Verhalten auch Freunden und Arbeitskollegen gegenüber zu zeigen.*

4. Schritt: *Wenn meine Freunde und Bekannten eine Forderung an mich stellen.*

5. Schritt: *Wie 4 und wenn ich mich zusätzlich durch sie kritisiert fühle.*

6. Schritt: *Wie 5 und wenn ich mich zusätzlich angegriffen fühle. Ich übe jeden Schritt wiederum so lange, bis ich das verlangte Verhalten 10mal hintereinander ohne Schwierigkeiten gezeigt habe. Im nächsten Schritt übe ich den vorigen natürlich weiter, aber sobald er mir keine Mühe mehr macht, blende ich die Bekräftigung für dieses Verhalten wieder langsam aus.*

Nachdem ich Schritt 6 problemlos bewältigen kann, will ich versuchen, dieses Verhalten auch Arbeitskollegen und Fremden gegenüber zu zeigen.

7. Schritt: *Wenn ein Arbeitskollege oder ein Fremder eine Forderung an mich stellt.*

8. Schritt: *Wie 7 und wenn ich*

mich zusätzlich kritisiert fühle.
9. Schritt: *Wie 8 und wenn ich mich zusätzlich angegriffen fühle. Wenn ich merke, daß es mir zu schwerfällt, das erwünschte Verhalten gleichzeitig bei meinen Arbeitskollegen und bei Fremden zu zeigen, dann werde ich beides getrennt bearbeiten: zuerst in Schritt 7—9 Arbeitskollegen und anschließend in Schritt 10—12 Fremde.*
Ich bekräftige mich sofort nach jeder Übung mit einem Symbol, einer Karteikarte, die ich in meine Brieftasche stecke und die ich dann gegen verschiedene Bekräftigungen eintauschen kann. Meinen Bekräftigungsplan habe ich vorher mit meiner Frau abgesprochen.
1 Symbol: *Mit meiner Frau ein Glas Wein oder Whisky trinken, ein Schaumbad nehmen, Pudding zum Nachtisch essen.*
2 Symbole: *Fernsehkrimi anschauen, mit meiner Frau ins Kino gehen, 1 Stunde ein Buch lesen oder spazierengehen.*
3 Symbole: *Meine Frau kocht mein Leibgericht, 2 Stunden basteln oder mit Briefmarken beschäftigen oder 10 DM dafür ausgeben.*
4 Symbole: *Abends zum Essen, ins Theater oder Konzert gehen oder Freunde zum Essen einladen.*
5 Symbole: *Mit Freunden zusammen etwas unternehmen, Bowling oder Skat spielen, in die Sauna gehen oder 20 DM für mein Hobby ausgeben.*

6 Symbole: *Wochenendausflug ins Grüne.*
Beim Üben der ersten Schritte habe ich als zusätzliche Hilfe die verbale Selbstinstruktion eingebaut. Ich sagte zu mir: „Schrei nicht gleich los, überlege erst, bevor du antwortest." Das hat mir sehr geholfen, nicht sofort mein altes Verhalten zu zeigen. Außerdem war die Reaktion meiner Frau auf mein neues Verhalten eine sehr angenehme Konsequenz für mich.

Ich lobe meine Kinder fast nie, wenn sie es von mir erwarten.
Ausgangspunkt: *Während der Beobachtung haben wir festgestellt, daß ich sie nur in 10 Prozent der möglichen Fällen lobe oder ihnen meine Anerkennung zeige.*
Zielverhalten: *Ich möchte es schaffen, meine Kinder jedesmal, wenn sie es von mir erwarten, zu loben, ihnen meine Freude und Anerkennung zu zeigen. Wir haben die einzelnen Schritte gemeinsam festgelegt und den Plan in die Diele gehängt. Er sieht folgendermaßen aus:*
1. Schritt: *Ich lobe meine Kinder, wenn sie die Hausarbeit, die sie nach dem Wochenplan zu erledigen haben, gemacht haben. Diesen Schritt übe ich mindestens eine Woche lang. Macht es mir dann keine Mühe mehr, gehe ich über zu Schritt 2. Den ersten Schritt übe ich natürlich weiter mit, nur bekomme ich dafür jetzt keine Bekräftigung mehr.*
2. Schritt: *Ich lobe meine Kinder,*

wenn sie eine Arbeit selbständig erledigt haben.

3. Schritt: *Ich lobe sie, wenn sie mir freiwillig helfen.*

4. Schritt: *Ich lobe sie, wenn sie zueinander nett sind und sich gegenseitig helfen.*

Am Anfang fiel es mir ziemlich schwer. Ich mußte den Wochenplan genau im Kopf haben, und dann mußte ich ein neues Verhalten aufbauen, das für mich sehr ungewohnt war.

Ich besprach meine Schwierigkeiten mit meinen Kindern; um mir die Durchführung meines Veränderungsplans etwas zu erleichtern, halfen sie mir in der ersten Zeit, indem sie mich kurz darauf hinwiesen, welche Aufgabe sie erledigt hatten. Nach ungefähr 10 Tagen war es dann gar nicht mehr notwendig, da ging es langsam ganz von allein; ich schaffte es jetzt fast ohne Mühe, ihnen meine Freude und Anerkennung zu zeigen. Jetzt machte es mir richtig Spaß, denn meine Kinder änderten auch ihr Verhalten, und wir kamen viel besser miteinander aus.

Den Bekräftigungsplan entwickelten wir ebenfalls gemeinsam. Meine Kinder geben mir sofort einen Chip, wenn ich sie gelobt habe. Außerdem zeigen sie mir ihre Freude über mein neues Verhalten. Die Chips kann ich eintauschen gegen:

1 Chip: *$^1/_4$ Stunde Zeitung lesen, ausruhen, Tasse Kaffee, Tee, Glas Apfelsaft, Strauß Blumen.*

2 Chips: *$^1/_2$ Stunde ausruhen, Stern, Spiegel lesen, mit den Kindern spielen.*

3 Chips: *1 Stunde mit den Kindern schwimmen, spazierengehen, Gesellschaftsspiele machen oder alleine Musik hören.*

4 Chips: *Abends Kino, Theater, Konzert (allein oder mit meinem Mann).*

5 Chips: *Freunde einladen, Ausflug mit den Kindern.*

Arbeitsblatt 19   Wie ich mein Verhalten in kleinen Schritten ändere

Momentane Häufigkeit des Problemverhaltens:

Übungsschritte	Bekräftigungen (direkt/durch Symbole)

Erwünschte Häufigkeit des Problemverhaltens

Falls Sie sich für eine Bekräftigung durch Symbole entschieden haben, vergleichen Sie dazu Arbeitsblatt 21 → Seite 72

Körperliche Entspannung

Viele Menschen befinden sich oft in einem Zustand körperlicher Anspannung, die besonders stark spürbar wird in Situationen, in denen sie verunsichert sind, denen sie sich nicht gewachsen fühlen, in denen sie Angst haben.

Das systematische Entspannungstraining kann für Sie wichtig sein:

◯ Wenn Sie häufig körperlich angespannt und verkrampft sind.

◯ Wenn Sie lernen wollen, in bestimmten Situationen angstfreier und sicherer zu reagieren. Denn wenn man körperlich tief entspannt ist, dann ist es fast unmöglich, gleichzeitig Angst zu empfinden. Wenn Sie lernen wollen, mit angstauslösenden Situationen besser fertig zu werden, sollten Sie schon vor dem eigentlichen Training systematisch lernen, sich schnell und tief zu entspannen.

Das Entspannungstraining ist einfach. Sie benötigen dafür längst nicht soviel Übungszeit wie beispielsweise für das autogene Training, und Sie können es alleine durchführen. Für das Entspannungstraining brauchen Sie ungefähr 10 Minuten bis eine halbe Stunde täglich. Sie können das Training zu jeder Tageszeit durchführen, besonders angenehm ist es jedoch, wenn Sie sich vor dem Einschlafen entspannen. Dann kann Ihnen das Training auch helfen, Schlafstörungen zu überwinden.

Für das Training brauchen Sie einen ruhigen Übungsplatz, der möglichst abgeschirmt sein sollte von lauten Geräuschen und hellem Licht. Sie sollten sicherstellen, daß Sie nicht überraschend gestört werden. Auf Tonband oder Kassettenrecorder lassen Sie die auf der nächsten Seite folgenden Anweisungen von jemandem mit einer angenehmen ruhigen Stimme sprechen. Sie können auch versuchen, den Text selbst zu sprechen — in einem Tempo, das für Sie angenehm ist, das Ihnen hilft, Anspannung und Entspannung in Ihren Muskeln zu spüren. Einen Erfolg des Trainings merken Sie daran,

◯ daß Sie ruhiger atmen; diesen Effekt können Sie auch noch dadurch unterstützen, daß Sie allmählich bei dem Wort „ruhig" einatmen und bei dem Wort „entspannt" ganz regelmäßig ausatmen,

◯ daß Sie sich anschließend wirklich ruhig und entspannt, zufrieden und körperlich wohl fühlen.

Für die Durchführung des Entspannungstrainings setzen Sie sich
am besten in einen bequemen Stuhl. Lehnen Sie sich mit dem
Rücken an, legen Sie die Arme auf die Lehne, und schließen Sie die
Augen. Sie können sich auch auf ein Sofa oder Bett legen. Legen
Sie sich dann möglichst entspannt hin. Arme und Beine fallen ganz
locker, Sie liegen auf dem Rücken und schließen die Augen. Konzentrieren Sie sich auf die folgenden Anweisungen, und führen Sie
sie genau aus:

Seien Sie ganz ruhig und entspannt. — — —
Und nun ballen Sie die Hand zur Faust, ganz fest! Noch fester!
(Anspannung und Kraft in der Stimme.) Ja, gut so!
Und nun entspannen Sie wieder! Lassen Sie die Hand ganz locker
fallen, und fühlen Sie, wie die Spannung langsam entweicht! — — —
Und nun ballen Sie bitte die linke Hand zur Faust! Ganz fest, noch
fester! Ballen Sie die Finger fest zusammen! Ganz fest! Noch fester!
Und nun entspannen Sie wieder, lassen Sie die Hand ganz locker
fallen, und fühlen Sie, wie die Spannung langsam entweicht — — —
Und nun ballen Sie beide Hände zur Faust! Pressen Sie die Finger
ganz fest zusammen!
Und nun entspannen Sie wieder, lassen Sie die Hände locker fallen.
Und fühlen Sie, wie die Spannung langsam entweicht. Und fühlen
Sie den angenehmen Unterschied! Und Sie sind ganz ruhig und ent-
spannt. Ganz ruhig und entspannt! — — —
Und nun ballen Sie noch einmal beide Hände zur Faust! Pressen
Sie die Finger fest zusammen. Spannen Sie nun gleichzeitig beide
Beine an. Strecken Sie die Beine nach vorne, heben sie an, und
beißen Sie die Zähne fest zusammen, und halten Sie die Spannung!
Und nun entspannen Sie wieder! Und fühlen Sie, wie die Spannung
allmählich entweicht: aus den Fingerspitzen — aus den Händen —
aus den Armen — aus den Schultern — aus dem Gesicht — aus den
Füßen — den Unterschenkeln — den Oberschenkeln — aus Ihrem
ganzen Körper! —
Und Sie sind ganz ruhig und entspannt. —
Ganz ruhig und entspannt —
Ganz ruhig und entspannt —

Und nun stellen Sie sich bitte vor:
Sie liegen auf einer grünen Wiese,
Sie liegen auf dem Rücken
und schauen hinauf in den blauen Himmel,
und Sie beobachten die langsam vorüberziehenden Wolken.
Und es weht kein Wind
Und es ist ganz ruhig
Und Sie sind ganz ruhig und entspannt
Ganz ruhig und entspannt
Und nun zählen Sie bitte von 4 rückwärts, spannen Ihre Fäuste
leicht an, öffnen die Augen und setzen sich auf. Und Sie fühlen sich
jetzt ruhig und entspannt!
(zitiert nach *Jacobsen,* 1964)

Und nun legen Sie bitte fest, wie Sie die Kurzentspannung
üben wollen:

Und wie Sie sich für das Üben bekräftigen wollen:

Kapitel 6

Verminderung von störenden Verhaltensweisen

In diesem Kapitel stellen wir Ihnen Vorgehensweisen vor, die Ihnen helfen, ein problematisches Verhalten, das Sie zu häufig zeigen, zu vermindern oder auch ganz zu beseitigen. Diese Vorgehensweisen können für die Bearbeitung Ihres Problems wichtig sein, wenn Ihr Verhalten in sehr großem Ausmaß von bestimmten Signalreizen gesteuert wird; wenn Sie herausgefunden haben, daß Ihr Verhalten nach einem bestimmten Punkt ganz automatisch abläuft, so daß Sie keine Kontrolle mehr darüber haben, oder wenn Ihr Problemverhalten in sich bekräftigend wirkt, wie übermäßiges Essen, Zigarettenkonsum oder Alkoholmißbrauch. Solche problematischen Verhaltensweisen sind oft schwer zu verändern, weil die Verbindung zwischen bestimmten Signalreizen und dem Verhalten im Laufe der Zeit sehr stark geworden ist und die Verhaltenskette des Problems sich verselbständigt hat.

⚲⚲Wenn andere Leute rauchen, ist dies ein Signal für mich, mir auch eine Zigarette anzuzünden. Während der Beobachtung ist mir aufgefallen, daß der Griff zur Zigarette für mich schon so selbstverständlich geworden ist, daß ich es oft gar nicht mehr merke, wenn ich rauche. Diese Entdeckung hat mich sehr erschreckt, weil ich bislang nicht wußte, daß ich das so wenig kontrollieren kann.⚲⚲

In manchen Augenblicken erleben wir diese große Abhängigkeit von äußeren Signalreizen als sehr entwürdigend. Oft gibt es Gründe für unmäßige Verhaltensweisen: Wir haben gelernt, daß Essen uns hilft, wenn wir uns deprimiert fühlen, oder wir haben ein seltsames Vergnügen daran, unsere Traurigkeit durch unmäßiges Essen zu vergessen. Wir haben angefangen, Alkohol zu trinken, weil wir uns dann nicht mehr so unsicher anderen gegenüber fühlen; wir haben erfahren, daß wir uns nur durchsetzen können, wenn wir sehr aggressiv reagieren. Aber dann wurden diese Verhaltensweisen irgendwann zur Gewohnheit und haben sich verselbständigt.

Um ein solches Problem loszuwerden, ist es zunächst einmal wichtig, die feste Verbindung zwischen den Signalreizen und dem Verhalten aufzuweichen; nur so können Sie Ihr Verhalten wieder unter Ihre eigene Kontrolle bekommen.

Hierzu gibt es zwei sehr wirksame Verfahren:

① Sie versuchen den Ablauf Ihres Problemverhaltens durch ein ablenkendes, aufschiebendes Verhalten zu unterbrechen. Oder Sie versuchen die Situationen ganz zu vermeiden, in denen bestimmte Signalreize Ihr Verhalten automatisch auslösen und ablaufen lassen.

(2) Sie engen die Bedingungen, unter denen Sie Ihr Problemverhalten zeigen, allmählich und schrittweise immer mehr ein. Manchmal ist es auch wichtig, nicht nur ein zu häufiges problematisches Verhalten zu vermindern, sondern auch nach den Gründen für dieses Verhalten zu forschen. Denn es kann sein, daß Sie angefangen haben, dieses Verhalten zu zeigen, weil es für Sie die einzige Möglichkeit war, mit bestimmten Situationen, Schwierigkeiten, Ängsten fertig zu werden.

Mein Problem ist, daß ich in bestimmten Situationen zuviel esse. Wenn ich in Situationen mit anderen Menschen sehr unsicher bin und mich nicht so verhalte, wie ich will, dann esse ich anschließend sehr viel. Zunächst wollte ich nur mein Eßverhalten verändern. Aber ich glaube, daß es besser ist, mein Problem von zwei Seiten anzugehen: nicht mehr so unkontrolliert essen und ein neues, selbstsicheres Verhalten anderen gegenüber aufzubauen.

Hier taucht also — wie schon in Kapitel 3 — wieder die Frage auf, ob das Verhalten, das Sie vermindern wollen, ein isoliertes Problem ist oder ob es mit anderen Schwierigkeiten in Ihrem Leben zusammenhängt. Wenn Sie einen Zusammenhang mit anderen Problemen sehen, sollten

Sie zusätzlich ein neues, erwünschtes Verhalten aufbauen, das Ihnen hilft, den Schwierigkeiten angemessen zu begegnen. So können Sie sehr stabile Änderungen erreichen. Wenn Sie ein problematisches Verhalten zum Verschwinden bringen wollen, so denken Sie daran, daß dieses Verhalten immer irgendwie bekräftigt und aufrechterhalten wurde, und Sie sich damit sozusagen etwas wegnehmen. Es ist deshalb günstig, entweder gleichzeitig ein erwünschtes Verhalten aufzubauen oder sich durch viele Belohnungen das Aufgeben des störenden Verhaltens zu erleichtern. Wenn es für Sie in jedem Fall wichtig ist, ein störendes Verhalten zu vermindern, dann sollten Sie nach dem Durchlesen der folgenden Seiten entscheiden, welche der Vorgehensweisen für Sie persönlich am geeignetsten sind. Manchmal ist es schwierig, eine solche Entscheidung nur an Hand einer Beschreibung zu treffen. Deshalb kann es sinnvoll sein, alle Vorgehensweisen einmal kurz auszuprobieren und dann auf Grund der damit gemachten Erfahrungen zu entscheiden.

Unterbrechen und Ändern des Verhaltensablaufs

Vielleicht haben Sie schon in Ihrer Analyse festgestellt, daß sich ihr Problemverhalten besser als Verhaltensablauf mit vielen kleinen Verhaltensketten darstellen ließe, anstatt durch eine einzige, relativ komplexe Verhaltenskette. Oft löst der Signalreiz eine bestimmte Reaktion aus, die dann zum Signal wird, eine weitere Reaktion zu zeigen, und diese wird Signalreiz für die nächste.

Signalreiz: Feierabend, ich bin hungrig, ich habe eingekauft. Ablauf meines Verhaltens:
1. Ich verlasse das Büro und mache mich auf den Heimweg.
2. Ich kaufe unterwegs in einem Lebensmittelgeschäft leckere Sachen ein.
3. Ich komme nach Hause, öffne die Wohnungstür.
4. Ich gehe sofort in die Küche und stelle die Sachen ab.
5. Ich öffne den Kühlschrank.
6. Ich packe die Lebensmittel um.
7. Ich probiere einige Sachen, die ich ausgepackt habe.
8. Ich esse weiter und kann nicht aufhören, bis ich fast alles aufgegessen habe.

Diesen Verhaltensablauf können Sie an einer schwachen Stelle unterbrechen, indem Sie eine aufschiebende, ablenkende oder auch unvereinbare Verhaltensweise einsetzen. Ziel dieses Vorgehens ist es, die feste Verbindung zwischen Signalreiz und Teil-Verhalten zu zerstören und das endgültige Problemverhalten immer weiter hinauszuzögern. Solche Unterbrecher können Dinge sein, die Sie gern tun (telefonieren, Zeitung lesen, duschen . . .), oder auch Selbstinstruktionen, wie Sie sich jetzt verhalten wollen, welche Nachteile das Problemverhalten hat. („Ich will der Versuchung nicht nachgeben; ich esse jetzt nicht!")

Stellen, an denen ich den Ablauf meines Eßverhaltens unterbrechen könnte und mich anders verhalten könnte:
Zu 1: Ich gehe nicht sofort nach Hause, sondern rede noch etwas mit den Kollegen, trinke ein Bier mit ihnen.
Zu 2: Ich kaufe nicht ein, sondern gehe in ein Restaurant und bestelle mir dort eine kleine Mahlzeit. Oder: Ich kaufe nur soviel ein, wie ich für meine Diät brauche. Oder: Ich verabrede mich mit Freunden und esse mit ihnen.
Zu 3: Ich gucke noch kurz bei Freunden rein.
Zu 4: Ich stelle·meine Sachen in der Küche ab, öffne aber nichts, sondern mache erst mal etwas anderes: duschen, telefonieren, umziehen, Tisch decken.
Nach Schritt 6 kann ich mich nicht mehr bremsen, dann esse ich automatisch auf, was da ist. Die Unterbrechung muß deshalb unbedingt vorher sein.
Signalreiz:
Ich komme nach Hause und muß noch viel Hausarbeit machen.

Ablauf meines Verhaltens:
1. Ich komme von der Arbeit nach Hause.
2. Ich sehe die Unordnung in der Wohnung.
3. Es fällt mir ein, was ich noch alles erledigen muß: aufräumen, Essen kochen, waschen, die Kinder ins Bett bringen . . .
4. Ich fange sofort an aufzuräumen.
5. Der Gedanke, daß ich das alles gar nicht schaffe, wird immer stärker.
6. Ich werde hektisch, fange alles an und bringe nichts zu Ende.
7. Mir platzt der Kragen, und ich schreie den Nächstbesten an.
Stellen, an denen ich diesen Verhaltensablauf unterbrechen könnte:
Zu 3: Ich setze mich hin, überlege in Ruhe, was ich unbedingt erledigen muß.
Zu 5, 6: Ich lese Zeitung oder spiele mit den Kindern.
Zu 7: Ich werfe ein Kissen an die Wand.✌✌

Überlegen Sie jetzt einmal: An welcher Stelle könnten Sie Ihren Verhaltensablauf unterbrechen; welches Verhalten könnten Sie einschieben?
Dazu suchen Sie am besten ein schwaches Glied aus, ein Teilstück, bei dem es Ihnen leichtfällt, ein anderes Verhalten zu zeigen. Manchmal ist das allerdings schwer vorher abzuschätzen. Dann hilft ein kurzes Ausprobieren. Vielleicht ergibt aber auch Ihre Selbstbeobachtung

Hinweise: wenn Sie zum Beispiel einmal daran denken, wann Ihr Problemverhalten nicht auftritt.
✌✌*Margret hat während ihrer Beobachtung festgestellt, daß ihr Problemverhalten — Rotwerden — nicht auftrat, wenn es ihr gelingt, den Gedanken ‚Hoffentlich werde ich nicht rot!‘ auszuschalten, weil ihr ein witziges Erlebnis einfiel. Diese Strategie will sie jetzt systematisch anwenden, um sich sozusagen selbst zu überlisten.*✌✌
Vielleicht kommt Ihnen das etwas merkwürdig und banal vor, doch ist gerade dieses Vorgehen oft sehr brauchbar, um hartnäckige Angewohnheiten aufzuweichen: Bestimmte Bedingungen sind für Sie jetzt kein Signal mehr, Teile Ihres Problemverhaltens zu zeigen, und Sie haben die Möglichkeit, sich anders, erwünschter zu verhalten.
Manchmal findet man aber auch kein schwaches Glied, an dem man ansetzen könnte. Oder die Verhaltenskette läßt sich nicht in weitere, kleine Schritte unterteilen. Dann besteht die Möglichkeit, zunächst einmal die Signalreize zu vermeiden, die das Problemverhalten unweigerlich auslösen. Auch auf diese Weise können Sie die feste Verbindung zwischen Signalreiz und Verhalten schwächen und auflockern.
✌✌*Herr C. trinkt immer dann zuviel Alkohol, wenn er mit anderen zusammen in der Kneipe ist oder bei Freunden zu einer Party eingeladen ist. Deshalb*

*will er jetzt eine Woche lang
nicht mehr in die Kneipe gehen
und auch Einladungen ab-
lehnen.*⌇⌇

⌇⌇*Anja kann mit ihren Eltern
über bestimmte Dinge, wie
Sexualität, Abtreibung, nicht reden, ohne daß es Streit gibt. Sie
hat sich daher vorgenommen, in
den nächsten drei Wochen mit
ihren Eltern nur über neutrale
Themen zu sprechen.*⌇⌇

Mit diesem Vorgehen können
Sie Ihr Problem jedoch nicht endgültig lösen, denn Sie können
nicht auf Dauer den Situationen
ausweichen, in denen bestimmte
Signalreize auftreten. Deshalb
empfiehlt sich das Vermeiden nur
als ein erster Schritt im Änderungsprogramm. Danach ist es
dann einfacher, den Verhaltensablauf noch weiter aufzulockern
oder ein erwünschtes Verhalten
aufzubauen. Dieses Vorgehen ist
freilich nicht in jedem Fall emp-
fehlenswert: Wenn Sie beim Arbeiten zuviel rauchen — das Arbeiten können Sie schlecht vermeiden. Und wenn es zuviel Situationen sind, die Sie vermeiden
müßten, kann es zu belastend für
Sie werden. Oft sind bei diesem
Vorgehen auch andere Personen
betroffen; dann ist es günstig, mit
ihnen zu sprechen, so daß sie Bescheid wissen.
Wenn Sie in Ihrem Änderungsprogramm die oben beschriebenen Vorgehensweisen anwenden
wollen, dann in folgenden Schritten:

①Sie überlegen: Wie kann ich
den Ablauf meines Problemverhaltens in kleine Schritte unterteilen? Aus welchen Teil-Verhal-
tensweisen besteht mein Problem?
②Sie überlegen, ob Sie zunächst
einige Situationen, in denen bestimmte Signalreize auftreten,
ganz vermeiden wollen.
③Sie überlegen: Welches Verhalten könnte ich in meinen Verhaltensablauf einschieben? Womit kann ich den automatischen
Ablauf des Verhaltens ändern?
④Zum Schluß legen Sie in Arbeitsblatt 21 fest, wie Sie sich
entschieden haben vorzugehen
und vor allem: durch welche Belohnungen Sie sich Ihre Veränderung erleichtern wollen.

Arbeitsblatt 21 Ich unterbreche und ändere den Ablauf meines Problemverhaltens

Situationen, die ich vermeiden will:			Belohnung für das Vermeiden der Situationen:
Schritte im Ablauf meines Problemverhaltens	Wo kann ich unterbrechen? Was kann ich statt dessen tun?		Belohnung für das Unterbrechen/Ändern
① ② ③ ④ ⑤ ⑥			

Unabhängiger werden von Signalreizen, die Ihr Verhalten steuern

Auch mit dem hier beschriebenen Vorgehen können Sie versuchen, die feste Verbindung zwischen den Signalreizen und Ihrem Verhalten ganz allmählich zu entflechten und selbst wieder größere Kontrolle über Ihr Verhalten zu bekommen. Hierzu halten Sie bestimmte Vereinbarungen mit sich selbst ein, die Ihnen das Ausführen Ihres Problemverhaltens sehr erschweren: Sie schränken die Möglichkeiten ein, bei denen Sie Ihr Problemverhalten zeigen dürfen, und/oder Sie müssen erst etwas Bestimmtes tun, bevor Sie Ihr problematisches Verhalten zeigen dürfen. Die Aufgaben, die dieses Vorgehen einschließt, werden Sie teilweise an die beiden vorherigen Vorgehensweisen erinnern: Wenn Sie erst den Tisch in einer bestimmten Weise decken müssen, bevor Sie essen dürfen, so unterbrechen Sie Ihren Verhaltensablauf durch eine aufschiebende Verhaltensweise; wenn Sie keine Süßigkeiten im Haus haben, so vermeiden Sie die Situation, beim Fernsehen gedankenlos zu knabbern.

Zu Beginn Ihres Veränderungsprogramms stellen Sie sich nur einige dieser Aufgaben; im weiteren Verlauf werden es dann allmählich mehr. Durch dieses langsame Vorgehen, bei dem Sie die Signalreize, die Ihr Verhalten steuern, schrittweise einschränken und sich für das Einhalten der Aufgaben belohnen, überfordern Sie sich nicht und können so stabile Verhaltensänderungen erzielen.

Besonders effektiv ist dieses Vorgehen bei Konsumverhalten, wie unmäßigem Essen, Trinken oder Rauchen.

Aufgaben, die sich in Therapieprogrammen als sinnvoll erwiesen haben, finden Sie in den Arbeitsblättern 22, 23, 24. Vergessen Sie nicht, diese Aufgaben entsprechend den für Sie persönlich wichtigen Signalreizen zu ergänzen.

Vielleicht haben Sie inzwischen diese Aufgaben schon ein wenig angesehen und sagen sich: „Ehe ich mir diese Aufgaben stelle, höre ich doch lieber sofort ganz auf zu rauchen." Fragt man andere, wie sie es geschafft haben, mit dem Rauchen aufzuhören, dann hört man oft, daß sie sich schlagartig dazu entschieden haben und es dann auch durchhielten. Aber mindestens genausooft hört man, daß Nichtraucher wieder rückfällig wurden. Ein plötzliches Aufhören mag oft erfolgreich sein, aber es erfordert viel Kraft, und manchmal überfordert es uns. Und es fällt uns meistens sehr schwer, zuzugeben, so sehr von bestimmten Dingen abhängig zu sein, daß wir irgendwelche komischen Aufgaben brauchen, um davon loszukommen. Aber gerade dieses schrittweise Vorgehen hat den Vorteil, daß wir uns langsam daran gewöhnen können, nicht mehr zu rauchen, nicht mehr so unkontrolliert zu essen oder zu trinken. Sie können damit auch andere problematische Verhaltensweisen, wie zu häufige, unangemessen aggressive Reaktionen oder auch unmäßigen Verbrauch von Tabletten, vermindern. Die meisten Menschen haben sich daran gewöhnt, bei Beschwerden schnell zu Tabletten zu greifen. Wir versprechen uns davon Erleichterung, wenn wir Kopfschmerzen haben, nicht schlafen können, unsere Verdauung nicht funktioniert, wenn wir unseren Appetit zügeln oder uns wach halten wollen. Die regelmäßige Einnahme von Tabletten kann jedoch zum Problem werden, weil sie zu Organschädigungen führt und die Störung zwar vorübergehend, aber nicht langfristig beseitigt. Wenn Sie festgestellt haben, daß Sie zuviel Tabletten nehmen, dann wissen Sie aus Ihrer Problemanalyse und Ihrer Beobachtung sicherlich schon, in welchen Situationen, nach welchen Signalreizen Sie zu Tabletten greifen. Besonders bei diesem Problem ist die Überlegung wichtig, mit welchen Schwierigkeiten in Ihrem Leben es zusammenhängen könnte. Sie sollten sich fragen: Warum nehme ich Tabletten? Nehme ich sie, um Schmerzen loszuwerden; nehme ich sie, weil sie mir helfen, einzuschlafen oder mit beängstigenden Situationen fertig zu werden? Versuchen Sie, bei der Beantwortung so ehrlich wie möglich sich selbst

gegenüber zu sein. Sie können dann entscheiden, mit welchen Aufgaben Sie Ihren Tablettenverbrauch einschränken und welches für Sie wichtige Verhalten Sie zusätzlich aufbauen wollen. Mit Ihren Aufgaben können Sie sich weitgehend an den Arbeitsblättern 22, 23, 24 orientieren. Wesentlich ist, daß Sie die Bedingungen, unter denen Sie sich selbst erlauben, Tabletten zu nehmen, langsam einengen. Sie können sich Ihr Vorhaben erleichtern, wenn Sie — neben den Belohnungen für das Bearbeiten Ihres Problems — die körperliche Entspannungsübung einbeziehen. Um von Ihren Signalreizen auf diese Weise unabhängiger zu werden, gehen Sie in folgenden Schritten vor:

①Denken Sie noch einmal an die Signalreize, die Sie bei der Analyse und Beobachtung Ihres Problemverhaltens herausgefunden haben (Arbeitsblatt 6, 11 → Seite 49, 62). Legen Sie danach die für Sie wichtigen Aufgaben fest, indem Sie die betreffenden Aufgaben in den Arbeitsblättern 22, 23, 24 ankreuzen und ergänzen oder neue, für Sie wichtige Aufgaben erstellen. Numerieren Sie alle verbleibenden und neuen Aufgaben durch.

②Legen Sie das Training fest, das Ihnen helfen soll, schrittweise unabhängiger von den Signalreizen zu werden. Für die erste Woche nehmen Sie sich 3—5 für Sie persönlich einfache Aufgaben vor. Diese Aufgaben beachten

Sie eine Woche lang konsequent. In der nächsten Woche kommen 3—5 etwas schwierigere Aufgaben hinzu. Für jede weitere Woche legen Sie 3—5 immer schwieriger werdende Aufgaben fest. Setzen Sie auch Belohnungen für sich so fest, daß sie Ihrer Leistung und Anstrengung beim Einhalten der Aufgaben entsprechen.

③ Legen Sie fest, wie Sie sich noch zusätzlich absichern wollen. Denn oft ist es trotz der Belohnungen sehr schwierig, diese unangenehmen Aufgaben einzuhalten — gerade bei so verführerischen Angewohnheiten, wie zuviel rauchen, essen, trinken. Eine zusätzliche Absicherung kann es sein, wenn Sie einer Person Ihres Vertrauens regelmäßig (täglich, einmal in der Woche) über Ihr Vorhaben berichten. Am meisten kann es Ihnen helfen, wenn Sie sich mit anderen Menschen zusammentun, die dieses Problemverhalten ebenfalls vermindern wollen. Eine andere, sehr effektive Möglichkeit ist, mit sich selbst oder jemand anderem einen Vertrag abzuschließen. Sie wetten jede Woche um 10 Mark oder etwas anderes, daß Sie Ihre Aufgaben einhalten, und bekommen Ihren Einsatz nur zurück, wenn Sie es geschafft haben.

Vielleicht widerstrebt es Ihnen im Augenblick, sich so unter die Kontrolle von anderen Menschen zu begeben, zumal Sie sich doch gerade selbst verändern und von äußeren Signalreizen und Kontrollen unabhängiger werden wollen. Aber besonders zu Beginn eines Selbstveränderungsprogramms braucht man noch eine solche Stütze. Überlegen Sie sich diese Möglichkeit, den Erfolg Ihrer Veränderung abzusichern, sehr genau, und wenn Sie so vorgehen wollen, legen Sie es in Arbeitsblatt 25 fest.

(In Kapitel 8 wird der „Vertrag mit sich selbst" noch ausführlicher behandelt.)

Arbeitsblatt 22   Aufgaben, um von Nahrungsmitteln unabhängiger zu werden

① Bewahren Sie alle Nahrungsmittel an einem bestimmten Ort (Küche . . .) auf.

② Essen Sie Nahrungsmittel nie direkt aus dem Kühlschrank.

③ Lehnen Sie Süßigkeiten, die Ihnen angeboten werden, ab.

④ Essen, knabbern Sie nie mehr beim Fernsehen.

⑤ Essen Sie nicht mehr, wenn Sie sich langweilen. Tun Sie statt dessen etwas anderes: telefonieren, Musik hören . . .

⑥ Essen Sie nicht mehr zwischen den Mahlzeiten.

⑦ Lesen Sie nicht mehr beim Essen.

⑧ Essen Sie nur noch an einem speziell für das Essen reservierten Tisch.

⑨ Warten Sie jedesmal 2 Minuten, bevor Sie mit dem Essen beginnen.

⑩ Hören Sie beim Essen kein Radio.

⑪ Essen Sie nur, wenn Sie Ihren Eßplatz sorgfältig gedeckt haben.

⑫ Essen Sie nicht mehr, wenn Sie unglücklich, traurig sind. Tun Sie statt dessen etwas anderes: telefonieren . . .

⑬ Stellen Sie sich jedesmal auf die Waage, bevor Sie anfangen zu essen.

⑭ Warten Sie 5 Minuten, bevor Sie zu essen beginnen.

⑮ Lassen Sie jeweils einen kleinen Rest auf dem Teller.

⑯ Kaufen Sie nur Nahrungsmittel, die Sie zubereiten müssen.

⑰ Legen Sie das Besteck nach jedem Bissen aus der Hand.

⑱ Kauen Sie jeden Bissen 25- bis 40mal.

⑲ Warten Sie 10 Minuten, bevor Sie zu essen beginnen. Machen Sie in dieser Zeit eine Entspannungsübung, lesen Sie . . .

⑳ Konzentrieren Sie sich bei jeder Mahlzeit ganz bewußt auf das Essen; denken Sie nur an das, was Sie essen.

㉑ Bereiten Sie Ihre Mahlzeiten besonders abwechslungsreich zu.

㉒ Bereiten Sie Ihre Mahlzeiten so vor, daß sie in vielen Gefäßen serviert werden müssen.

㉓ Vergegenwärtigen Sie sich vor Beginn der Mahlzeit die größten Ängste, die Sie im Zusammenhang mit Übergewicht haben.

㉔ Stellen Sie sich nach jeder Mahlzeit vor, wie Sie mit Ihrem Idealgewicht aussehen würden.

(1) Gehen Sie immer nur eine Schachtel kaufen, niemals mehrere auf einmal.

(2) Lehnen Sie alle angebotenen Zigaretten ab.

(3) Stecken Sie nach jeder Zigarette die Schachtel weg.

(4) Rauchen Sie nur noch Zigaretten mit Filter.

(5) Rauchen Sie die erste Zigarette am Tag erst nach dem Frühstück oder Kaffeetrinken.

(6) Lassen Sie sich keine Zigarette von Ihren Kollegen geben, wenn Sie selbst keine mehr haben.

(7) Wechseln Sie nach jeder Packung die Zigarettenmarke.

(8) Stecken Sie jeden Tag die Differenz zwischen dem Geldbetrag, den Sie früher verraucht haben, und dem, den Sie jetzt für Zigaretten ausgeben, in eine besondere Sparbüchse.

(9) Rauchen Sie nicht mehr auf der Straße.

(10) Rauchen Sie nicht mehr im Bett, weder morgens noch abends.

(11) Rauchen Sie niemals, um Hungergefühl zu unterdrücken. Zur Ablenkung ist Obst auf jeden Fall Süßigkeiten vorzuziehen.

(12) Leeren Sie nach jeder Zigarette den Aschenbecher.

(13) Legen Sie nach jedem Zug die Zigarette aus der Hand.

(14) Legen Sie die Zigarettenschachtel immer so weit weg, daß Sie bei jeder Zigarette aufstehen und in ein anderes Zimmer gehen müssen.

(15) Warten Sie jedesmal drei Atemzüge lang, bevor Sie sich eine Zigarette anzünden.

(16) Lassen Sie Ihr Feuerzeug oder Ihre Streichhölzer zu Hause, und bitten Sie bei jeder Zigarette jemanden um Feuer.

(17) Rauchen Sie nicht beim Autofahren.

(18) Machen Sie sich vor jeder Zigarette bewußt, daß Sie jetzt eine Zigarette rauchen werden, und warten Sie dann noch zwei Minuten, ehe Sie sich eine anzünden.

(19) Rauchen Sie nicht, wenn Sie auf das Essen warten.

(20) Unterlassen Sie während manueller Arbeiten das Rauchen, zum Beispiel beim Schreiben und beim Aufräumen.

(21) Rauchen Sie jede Zigarette nur noch bis zur Hälfte.

(22) Ab heute warten Sie vor jeder neuen Zigarette erst fünf Minuten, bevor Sie sie anzünden.

(23) Leeren Sie den Aschenbecher immer selber, und räumen Sie ihn nach jeder Zigarette aus dem Gesichtsfeld.

(24) Wenn Sie eine Zigarette rauchen wollen, rauchen Sie unter keinen Umständen sofort, sondern warten Sie damit noch zehn Minuten.

㉕ Stehen Sie gleich nach dem Essen auf, ohne eine Zigarette anzuzünden, und beginnen Sie gleich mit einer anderen Beschäftigung.

㉖ Rauchen Sie nicht, wenn Sie auf jemanden warten.

㉗ Drücken Sie jede Zigarette nach dem ersten Zug aus und zünden Sie diese dann erneut an.

㉘ Rauchen Sie in Gesellschaft nur eine Zigarette pro Stunde.

㉙ Inhalieren Sie nur noch jeden zweiten Zug.

㉚ Rauchen Sie zu Hause nur noch an einem bestimmten Platz, aber nicht in Ihrem Lieblingssessel, sondern auf einem unbequemen Stuhl.

㉛ Rauchen Sie nie während eines Gesprächs mit Ihren Kollegen oder Bekannten.

㉜ Wenn Sie rauchen, beschäftigen Sie sich mit nichts anderem — nicht lesen, fernsehen oder trinken.

㉝ Rauchen Sie nicht bei geschäftlichen Besprechungen oder Konferenzen.

㉞ Rauchen Sie nie, wenn andere Leute in Ihrer Gegenwart gerade rauchen.

㉟ Versuchen Sie beim Rauchen überhaupt nicht mehr zu inhalieren.

㊱ Rauchen Sie nicht mehr während der Arbeitszeit.

㊲ Rauchen Sie nicht, wenn Sie sich nach Feierabend zur Entspannung zu einem Glas Bier oder Wein niederlassen.

(Vom Max-Planck-Institut für Psychiatrie, München, entwickelt und getestet; zitiert nach *Die Zeit* 1/2, 1973)

Arbeitsblatt 24   Aufgaben, um vom Alkohol unabhängiger zu werden

① Trinken Sie Alkohol nie direkt aus der Flasche.

② Trinken Sie hochprozentigen Alkohol (Whisky, Gin . . .) nur in Form von Longdrinks (mit Soda, Tonic . . .).

③ Bewahren Sie zu Hause nur sehr geringe Mengen von Alkohol auf (kleine Flaschen, nur eine Flasche . . .).

④ Trinken Sie nur jeweils einen kleinen Schluck, stellen Sie das Glas nachher wieder ab.

⑤ Zählen Sie jeweils bis 5, bevor Sie einen Schluck trinken.

⑥ Lassen Sie von sich eine Aufnahme machen, wie Sie in betrunkenem Zustand aussehen. Betrachten Sie die Aufnahme, wenn Sie das starke Bedürfnis nach Alkohol haben.

⑦ Trinken Sie nicht, wenn Sie sich langweilen oder traurig sind. Tun Sie in solcher Stimmung statt dessen etwas anderes: Telefonieren Sie mit jemandem, gehen Sie ins Kino . . .

⑧ Zählen Sie jeweils bis 10, bevor Sie einen Schluck trinken.

⑨ Entspannen Sie sich, bevor Sie sich etwas zu trinken einschenken.

⑩ Deponieren Sie den Alkohol an einem Ort, der schwer zu erreichen ist (Keller, Boden . . .).

⑪ Treffen Sie keine Verabredung, bei der Sie mit Sicherheit viel trinken werden.

⑫ Legen Sie eine Aufgabe fest, die Sie erst erledigen müssen, bevor Sie etwas trinken dürfen (abwaschen, aufräumen . . .).

⑬ Legen Sie fest, daß Sie, während Sie Alkohol trinken, nichts anderes tun dürfen: nicht fernsehen, nicht rauchen, nicht lesen . . .

⑭ Stellen Sie sich jedesmal, wenn Sie das Glas zum Mund führen, so deutlich wie möglich vor: Wenn ich den Schluck trinke, beginnt mir übel zu werden — ich verspüre einen Brechreiz — ich muß mich übergeben . . .

Arbeitsblatt 25   Ich trainiere, unabhängiger von Signalreizen zu werden

Mein Training	Belohnung
Aufgaben für die 1. Woche:	
Aufgaben für die 2. Woche:	
Aufgaben für die 3. Woche:	
Aufgaben für die 4. Woche:	
Aufgaben für die 5. Woche:	

Ich will mich noch zusätzlich absichern, indem

◯ ich   über mein Training berichte

◯ ich mit   um   wette

Kapitel 7

Lernen von neuen Verhaltensweisen

In diesem Kapitel finden Sie Hinweise, Beispiele, Übungsmöglichkeiten, die Ihnen helfen sollen, systematisch neue Verhaltensweisen aufzubauen. Zunächst werden die wichtigsten Möglichkeiten zum Erproben und Einüben neuer Verhaltensweisen erläutert: Beobachten und Nachahmen von Modellen, Üben in der Vorstellung, Erproben von neuen Verhaltensweisen im Rollenspiel.

Sie finden dann Trainingsmöglichkeiten zum unmittelbaren Ausdrücken von Gefühlen und Bedürfnissen. Diese Übungen können es Ihnen erleichtern, in persönlichen Kontakten offener zu werden oder auch sich gegen unangemessene Verhaltensweisen anderer zu wehren.

Ein weiterer Abschnitt leitet zu Übungen an, mit denen Sie andere besser verstehen lernen und sensitiver für ihre Gefühle und Reaktionen werden. Diese Übungen können Ihnen auch generell helfen, leichter zu begreifen, wie bestimmte Verhaltensweisen auf andere wirken und welche Reaktionen dadurch ausgelöst werden.

Schließlich finden Sie eine ausführliche Anleitung, wie Sie ganz systematisch angstfreies und selbstsicheres Verhalten erlernen können.

Möglichkeiten, neue Verhaltensweisen zu erproben und einzuüben

Beobachtungs- oder Modellernen: Immer dann, wenn Sie mit Ihrem Verhalten in bestimmten Situationen unzufrieden sind, aber nicht genau wissen, wie Sie sich anders verhalten könnten, wird es Ihnen helfen, wenn Sie zunächst einmal beobachten, wie andere Menschen mit solchen Schwierigkeiten fertig werden. Sie können dabei Menschen in Ihrer Umwelt beobachten, aber auch verfolgen, wie sich Personen in Büchern, in Filmen und im Fernsehen verhalten. Wenn Sie mehrere Personen in den für Sie wichtigen Situationen beobachten, werden Sie feststellen, daß Menschen auf ähnliche Bedingungen mit sehr unterschiedlichen Verhaltensweisen reagieren. Diese Beobachtungen können Ihnen helfen, sich klarer darüber zu werden, welche dieser Reaktionen Sie als günstig und angenehm empfinden und in welcher Form Sie sie auf Ihr persönliches Verhalten übertragen könnten.

Ich bin mir darüber klargeworden, daß ich mich in meiner Beziehung zu Klaus zu sehr anpasse und eigentlich immer nur tue, was er möchte. Aber ich bin ganz unsicher, wie ich meine eigenen Bedürfnisse ausdrücken und mehr durchsetzen könnte.

Sehr angenehm finde ich jedoch das Verhalten von meiner Freundin Monika. Ich habe sie jetzt eine Zeitlang beobachtet; besonders aufgefallen ist mir, daß sie es ganz natürlich findet, wenn ihr Mann ihr im Haushalt hilft. Wenn er bestimmte Dinge nicht merkt, macht sie ihn einfach darauf aufmerksam. Wichtig für mich war es, zu sehen, daß sie dabei überhaupt nicht nörgelig und so vorwurfsvoll wie ich ist — wenn ich überhaupt was sage. Während ich Monika beobachtet habe, ist mir auch klargeworden, daß ich immer viel zu sehr darauf warte, daß Klaus mir mal was abnimmt oder von selbst darauf kommt, mal was zu tun.

Solche Beobachtungen können Sie anregen und Ihnen Hinweise geben, wie Sie Ihr eigenes Verhalten verändern können. Meist ist es sinnvoll, Menschen zu beobachten, die auch noch Schwierigkeiten haben, bestimmte Situationen zu bewältigen — das macht Ihnen mehr Mut, als wenn Sie Menschen beobachten, die Schwierigkeiten perfekt meistern.

Seit Monaten überlege ich mir schon, wie ich es meiner Freundin erkläre, daß ich mich in eine andere verliebt habe und daß sich meine Gefühle für sie verändert haben, aber ich trau mich einfach nicht, es ihr zu sagen. Und gestern habe ich in diesem Film gesehen, wie ein Mann versucht hat, seiner Frau zu sagen, daß er sie nicht mehr so liebt. Ich hab die ganze Zeit gedacht, daß man dabei sehr beherrscht sein muß und einen endgültigen Strich unter die Beziehung setzen sollte. Aber er hat ihr einfach gesagt, was er empfindet, und auch gezeigt, wie traurig und unsicher er dabei ist. Ich glaube, so ähnlich könnte ich auch versuchen, mit Antje zu sprechen.

Ausprobieren von schwierigen Situationen in der Vorstellung: Sehr oft erscheint es uns zu schwierig oder zu gefährlich, bestimmte Situationen oder Verhaltensweisen gleich in der Realität auszuprobieren. Immer, wenn Sie fürchten, der Realität noch nicht ganz gewachsen zu sein, kann es Ihnen helfen, wenn Sie die Schwierigkeiten zunächst in der Vorstellung ausprobieren. Gehen Sie dabei in folgenden Schritten vor:

①Versuchen Sie, sich körperlich ganz zu entspannen.
②Stellen Sie sich die schwierige Situation und Ihr Verhalten in allen Einzelheiten vor, versetzen Sie sich so intensiv wie möglich in die Situation.
③Brechen Sie die Vorstellung sofort ab, wenn Sie bemerken, daß Sie sich körperlich verkrampfen oder ängstlich werden.
④Versuchen Sie wieder, sich körperlich völlig zu entspannen.
⑤Setzen Sie sich der Vorstellung erneut aus, wenn Sie körperlich wieder ganz entspannt sind.
Diese Übungsform setzt voraus, daß Sie das Entspannungstraining

systematisch geübt haben, so daß es Ihnen sehr schnell gelingt, sich ganz bewußt zu entspannen. Es ist sinnvoll, daß Sie sich zunächst auf Vorstellungen konzentrieren, die Sie nicht zu stark beängstigen.

Erproben von neuen Verhaltensweisen im Rollenspiel:

Immer dann, wenn Sie ungefähr wissen, wie Sie sich verhalten möchten, aber noch unsicher sind, welche konkreten Verhaltensweisen Sie dabei zeigen sollen oder wie Ihr Verhalten auf andere wirkt, ist es günstig, das neue Verhalten zunächst in Spielsituationen auszuprobieren. Für diese Rollenspiele brauchen Sie Partner, denen Sie vertrauen, denen gegenüber Sie sich relativ unbefangen verhalten (Freunde, Bekannte, Menschen mit ähnlichen Schwierigkeiten). Sprechen Sie mit den Spielteilnehmern einige Regeln ab:

(1) Erklären Sie den anderen so genau wie möglich, was Sie üben möchten, welches erwünschte Verhalten Sie ausprobieren. („Ich möchte üben, wie ich es Klaus freundlich, aber klar sagen kann, wenn ich mit seinem Verhalten unzufrieden bin." — „Ich möchte üben, wie ich Monika sagen kann, daß sie mir gefällt." — „Ich möchte ausprobieren, wie ich meinen Chef erfolgreich um eine Gehaltserhöhung bitten kann." — „Ich möchte ausprobieren, wie ich meiner Mutter erklären kann,

daß ich mich von ihr gegängelt fühle.")

(2) Erklären Sie den anderen genau, wodurch die Situation gekennzeichnet ist, die Ihnen Schwierigkeiten macht („Besonders typisch ist, daß wir zusammen am Tisch sitzen . . ." — „Wichtig ist, glaube ich, wie ich sein Zimmer betrete, also hier ist die Tür, dort ist sein Schreibtisch . . ." — „Meist sind wir zusammen in der Küche und machen den Abwasch . . .").

(3) Erklären Sie den anderen genau, wie sich die für Sie wichtige Person verhält, machen Sie es kurz vor („Also, er sitzt meist so da und schaufelt sein Essen in sich hinein . . ." — „Er sitzt so über seinen Akten und ignoriert mich völlig, er redet so von oben herab und guckt an einem vorbei . . .").

(4) Legen Sie die Spielzeit genau fest (5—10 Minuten), bitten Sie jemanden, ein Zeichen zu geben, wenn die Zeit um ist.

(5) Bitten Sie die anderen, Ihnen zu sagen, was ihnen an Ihrem Verhalten aufgefallen ist, was sie günstig fanden, was sie nicht so gut fanden.

(6) Spielen Sie die Situation noch einmal durch. Sie können auch eine andere Person bitten, Ihre Rolle einmal zu übernehmen. So können Sie oft noch besser erkennen, welche Verhaltensweisen Sie günstig finden und welche Sie noch üben möchten.

(7) Erproben Sie Ihr Verhalten so lange, bis Sie sich ganz sicher

fühlen, und versuchen Sie dann, sich auch in realen Situationen so zu verhalten.

Rollenspiele sollen es Ihnen erleichtern, unbefangen und spielerisch neue Verhaltensweisen auszuprobieren und zu erlernen. Es ist deshalb wichtig, daß Sie neue Verhaltensweisen in einer angenehmen und heiteren Atmosphäre erproben. Es kann Ihnen und Ihren Mitspielern helfen, wenn Sie vereinbaren:

⑧ Wir müssen nicht gleich ein perfektes Verhalten zeigen, wir haben Zeit, um zu üben, um auszuprobieren.

⑨ Wir müssen nicht gleich ganz komplexe Situationen bewältigen, sondern können ruhig erst einmal ganz einfache Verhaltensweisen ausprobieren.

⑩ Wenn wir den Spielern sagen, wie ihr Verhalten auf uns gewirkt hat, wollen wir zunächst angeben, was wir günstig fanden. Wenn wir bestimmte Dinge nicht gut fanden, wollen wir gemeinsam mit ihnen überlegen, was sie anders machen könnten.

Übungen, um eigene Gefühle und Bedürfnisse auszudrücken

Die meisten von uns haben während ihrer Erziehung und Entwicklung gelernt, daß es sich nicht schickt, wenn sie ihre Gefühle und Bedürfnisse äußern:
Ein Junge weint nicht!
Man beherrscht sich, wenn man wütend ist!
Man zeigt seine Freude nicht so ungestüm!
Es ist unhöflich, zu gähnen!
Selbstlob stinkt!
Wenn wir dann in einen hektischen Arbeitsprozeß eingespannt sind, unterdrücken wir unsere spontanen Regungen meist noch stärker, denn wir erleben häufig, daß andere (oder auch wir selbst) Nachteile haben, wenn sie Ärger oder Empörung deutlich zeigen. Diese Erfahrungen können uns so entmutigen, daß wir kaum noch überlegen, welche Möglichkeiten es gibt, Gefühle und Bedürfnisse zu äußern und zu verwirklichen. Diese vorsichtige Haltung tragen wir auch häufig in unsere privaten Beziehungen:
Wir genieren uns, andere darauf aufmerksam zu machen, daß sie sich vordrängeln und uns stören. Wir schlucken unsere Wut still hinunter und bedenken nicht, daß unser freundliches, nachgiebiges Verhalten bei anderen egoistisches und unsoziales Verhalten verstärkt und sie ermutigt, sich auch beim nächstenmal vorzudrängeln und uns auszunutzen. Aus Angst, lächerlich zu wirken

oder zurückgewiesen zu werden, wagen wir es nicht, anderen unsere Sorgen mitzuteilen oder ihnen zu zeigen, daß wir sie mögen. Wir hoffen und erwarten, daß die anderen uns verstehen, und sind enttäuscht, wenn sie nicht erkennen, wie es um uns steht. Wir bedenken jedoch nicht, daß unsere Empfindungen für andere nur schwer wahrnehmbar sind, wenn wir sie hinter einer Maske von Ruhe und Zurückhaltung verbergen. Durch unser angestrengtes Bemühen, Unsicherheit und Schwäche zu verstecken, wirken wir auf andere kühl, distanziert und arrogant. Anteilnahme können uns andere jedoch erst dann entgegenbringen, wenn wir ihnen deutlicher zeigen, was wir denken, empfinden und erleben.

Vielleicht ist Ihnen auch bewußt, daß Sie sich selbst durch Ihr vorsichtiges Verhalten behindern, vielleicht wünschen Sie sich, ganz spontan handeln zu können, ohne zu überlegen: „Was kann alles passieren, was wird schiefgehen, was denken die anderen . . .?"

Vermutlich werden Sie aber die Erfahrung machen, daß Sie gar nicht so recht wissen, wie Sie Ihre Gefühle und Bedürfnisse spontan äußern könnten.

Deshalb finden Sie in den folgenden Arbeitsblättern vorstrukturierte Trainingsmöglichkeiten, die Sie für Ihre persönliche Situation ergänzen und abändern können. Bevor Sie die Arbeitsblätter für Ihr Trainingsprogramm zusammenstellen, sollten Sie noch überprüfen,

◯ ob sich Ihr vorsichtiges, distanziertes Verhalten vor allem in Ihrer Körpersprache zeigt oder eher in Ihren wörtlichen Äußerungen oder in beidem. Mit Körpersprache sind alle Zeichen gemeint, die Sie anderen durch Stimmklang, Mimik, Gestik, Blickkontakt, Körperhaltung und räumliche Nähe/Distanz vermitteln.

◯ ob die Hinweise, die Sie mit Worten geben, mit den Zeichen Ihrer Körpersprache übereinstimmen. Sie wirken immer dann unecht und unglaubwürdig, wenn Ihre verbalen und Ihre nonverbalen Mitteilungen verschiedene Bedeutung haben; wenn Sie zum Beispiel lächelnd sagen: „Mir ist zum Heulen"; wenn Sie geduckt und gespannt dasitzen und sagen: „Ich fühl mich ganz frei und wohl!"

Es ist nicht in allen Situationen angemessen, sich spontan zu äußern. Überlegen Sie, in welchen Situationen sich für Sie unangenehme Konsequenzen ergeben könnten, die Sie nicht in Kauf nehmen möchten. Sprechen Sie Ihre Befürchtungen mit jemandem durch, um herauszufinden, ob Ihre Angst berechtigt ist.

Beobachten Sie eine Woche lang genau, wie Sie sich bei bestimmten Empfindungen ohne Worte ausdrücken. Notieren Sie die wichtigsten Hinweise Ihrer Körpersprache (Stimmklang, Mimik, Gestik, Blickkontakt, Körperhaltung, körperliche Distanz zu anderen). Beobachten Sie sich vor allem in Situationen mit anderen.

Meine Körpersprache, wenn ich mich unsicher fühle:

Meine Körpersprache, wenn ich fröhlich bin:

Meine Körpersprache, wenn ich ärgerlich bin:

Meine Körpersprache, wenn ich mich langweile:

Meine Körpersprache, wenn

Meine Körpersprache, wenn

Meine Körpersprache, wenn

Legen Sie fest, womit Sie sich für eine sorgfältige Beobachtung belohnen/bekräftigen wollen:

Äußern Sie sich direkt (mit Worten und in Ihrem nichtsprachlichen Verhalten), wenn Ihnen etwas gefällt.

◯ Du siehst heute gut aus.
◯ Dein Kleid gefällt mir.
◯ Ich finde, wir haben heute gut zusammengearbeitet!
◯ Das war eine gute Idee.
◯ Es ist schön, deine Haut zu streicheln.
◯ Heute bin ich wirklich zufrieden mit mir.
◯ Mir gefällt Ihr Lächeln.
◯ Ich mag Sie sehr gern.
◯ Das ist nett, daß Sie mich vorlassen.
◯ Ich bin so froh, dich zu sehen!
◯ Mann, das haben wir tatsächlich geschafft!
◯ Ich bin erleichtert, daß du anrufst.
◯ Ich freue mich auf morgen.
◯ Das hat gut geschmeckt!
◯ Ihre Einrichtung gefällt mir.
◯ Schön, so in der Sonne zu liegen.

Äußerungen, die ganz genau auf Sie und Ihre Situation zutreffen:

Kreuzen Sie die Äußerungen an, die für Sie am wichtigsten sind. Versuchen Sie, sich in den nächsten Wochen in dieser Form zu äußern, wenn Ihnen etwas gefällt. Legen Sie fest, womit Sie sich jeweils anschließend belohnen/bekräftigen wollen:

Äußern Sie sich direkt (mit Worten und in Ihrem nichtsprachlichen Verhalten), wenn Ihnen etwas nicht paßt, wenn Sie sich ärgern und unzufrieden sind.

◗ Rufen Sie bitte in 2 Stunden noch einmal an, ich habe jetzt keine Zeit, um mit Ihnen zu sprechen.

◗ Würden Sie bitte während des Films aufhören, miteinander zu sprechen.

◗ Wir warten alle schon länger. Würden Sie sich bitte hinten anstellen?

◗ Sie haben mich 20 Minuten warten lassen.

◗ Können Sie die Heizung kleiner stellen?

◗ Es stört mich, daß Sie immer so nörgeln.

◗ Ich finde Ihren Ton unangemessen.

◗ Ich war vor Ihnen da.

◗ Es fällt mir schwer zu glauben, daß Sie es wirklich ernst meinen.

◗ Ich kann es nicht ertragen, daß du immer alles herumliegen läßt.

◗ Würden Sie diese Fehler bitte verbessern.

◗ Da bin ich anderer Meinung als Sie.

◗ Ich finde, Sie tun mir unrecht.

Äußerungen, die ganz genau auf Sie zutreffen:

Kreuzen Sie die Äußerungen an, die für Sie am wichtigsten sind. Versuchen Sie, sich in den nächsten Wochen so zu äußern, wenn Ihnen etwas nicht paßt, wenn Sie sich ärgern und unzufrieden sind. Legen Sie fest, womit Sie sich anschließend belohnen/bekräftigen wollen:

Äußern Sie sich direkt (mit Worten und in Ihrem nichtsprachlichen Verhalten), wenn es Ihnen nicht gut geht und Sie Hilfe brauchen.

◯ Ich bin so abgehetzt, kannst du das wohl schnell für mich besorgen?

◯ Ich fühle mich so elend, würdest du noch etwas hierbleiben?

◯ Ich kann das allein nicht schaffen, hilfst du mir bitte?

◯ Ich hab mir da wohl zuviel vorgenommen, weißt du eine Lösung?

◯ Ich hab Angst, die Sache zu erledigen. Kannst du bitte mitkommen?

◯ Ich bin so traurig, ich kann jetzt nicht allein sein, kannst du bitte noch vorbeikommen?

◯ Ich fühl mich sehr einsam heute, kann ich dich noch besuchen?

◯ Mir ist heute alles mißlungen, ich bin so verzweifelt, kannst du nicht etwas freundlicher zu mir sein?

◯ Ich komme mit meinem Geld nicht aus, kannst du mir etwas leihen?

◯ Ich muß etwas bei der Behörde erledigen. Könnten Sie für 2 Stunden auf meine Kinder aufpassen?

Äußerungen, die ganz genau auf Sie zutreffen:

Kreuzen Sie die Äußerungen an, die für Sie am wichtigsten sind. Versuchen Sie, sich in den nächsten Wochen in dieser Form zu äußern, wenn es Ihnen nicht gut geht und Sie Hilfe brauchen. Legen Sie fest, womit Sie sich jeweils anschließend belohnen/bekräftigen wollen:

Arbeitsblatt 30   Ich nehme Lob von anderen an

Wenn Sie von anderen gelobt werden, lächeln Sie nicht verschämt, sagen Sie nicht, daß Sie nicht so gut waren, sondern zeigen Sie, daß Sie sich über das Lob freuen (mit Worten und in Ihrem nicht-sprachlichen Verhalten).

◯ Es freut mich, daß dir aufgefallen ist, wie ich mich verändert habe.
◯ Du, das freut mich sehr.
◯ Nett, daß du das sagst.
◯ Danke, das richtet mich wieder etwas auf.
◯ Ich freue mich, daß Sie das bemerkt haben.
◯ Danke. Ja, ich finde auch, daß ich heute gut aussehe.
◯ Hm, das gefällt mir auch an mir.
◯ Ja, ich bin auch damit zufrieden.
◯ Ja, nicht wahr?

Äußerungen, die ganz genau auf Sie zutreffen:

Kreuzen Sie bitte die Äußerungen an, die für Sie am wichtigsten sind. Versuchen Sie, sich in den nächsten Wochen in dieser Form zu äußern, wenn Sie gelobt werden. Legen Sie fest, womit Sie sich jeweils anschließend belohnen/bekräftigen wollen:

Überlegen Sie, welche Gefühle, Empfindungen, Bedürfnisse Sie in Ihrem sprachlichen und nichtsprachlichen Verhalten direkter und spontaner ausdrücken möchten.

Äußerungen/Verhaltensweisen, die ganz persönlich auf Sie und Ihre Situation zutreffen:

Versuchen Sie, sich in den nächsten Wochen in dieser Form zu äußern, wenn Sie in entsprechende Situationen geraten. Legen Sie fest, womit Sie sich jeweils anschließend belohnen/bekräftigen wollen:

Übungen, um besser zu verstehen, was andere denken und empfinden

Wenn Sie sich offene und persönliche Kontakte zu anderen Menschen wünschen, ist es wichtig, daß Sie selbst Ihre Gefühle deutlich ausdrücken können. Andererseits ist es aber auch notwendig, daß Sie sich auf den anderen konzentrieren können, verstehen lernen, was er denkt und fühlt, und ihm Ihr Verständnis in angemessener Form vermitteln können. In Arbeitsblatt 32 finden Sie Übungen, die Sie anleiten sollen, sich zunächst einmal auf einen anderen Menschen einzustellen und herauszufinden, was er meint und empfindet. Führen Sie die Übungen zunächst durch, und vergleichen Sie Ihre Antworten anschließend mit den Rückmeldungen zu Arbeitsblatt 32 in den folgenden Kästen.

Herr K. ärgert sich über die Bürokratie, er fühlt sich dadurch in seiner Arbeit behindert. Vielleicht fühlt er sich auch gedemütigt. Er ist sauer.

Anne fühlt sich ungerecht beurteilt von der Lehrerin. Sie wünscht sich, daß die Mutter nicht böse ist, sondern sie versteht. Sie ist wütend und ärgerlich auf die Lehrerin. Sie hat Angst, sich zu melden.

Wenn Sie nur wenige oder ganz andere Empfindungen haben, sollten Sie diese Übung unbedingt fortsetzen. Notieren Sie Äußerungen von Personen in Ihrer Umwelt (Freunde, Bekannte . . .), versuchen Sie, die wesentlichen Gefühle herauszufinden, und fragen Sie die Personen anschließend, ob sie sich verstanden fühlen. Sie können auch Ihre eigenen Äußerungen aufschreiben und dann genauer überlegen, was Sie dabei empfunden haben. Sie können außerdem Akteure in Filmen beobachten und herauszufinden versuchen, welche Gefühle und Empfindungen sie haben, was sie in ihren Worten und in ihrer Körpersprache ausdrücken. Sie werden allmählich ganz ohne Mühe verstehen, was andere ausdrücken, auch wenn sie es vorsichtig und verdeckt tun.

Frau A. ist traurig, sie fühlt sich von ihrem Mann vernachlässigt, sie ist hilflos — vor allem wegen der Schulprobleme. Sie resigniert allmählich, ist enttäuscht von ihrem Mann, mag ihn aber auch nicht direkt beschuldigen.

Arbeitsblatt 32   Ich versuche zu verstehen, was der andere denkt und empfindet

Notieren Sie alle für den Sprecher wichtigen Erfahrungen und Empfindungen:

Frau A.: „Ach wissen Sie, morgens, da geht mein Mann aus dem Haus. Und abends, da ist es eben auch schon spät, wenn er zurückkommt. Wir sehen uns nur noch selten. Na ja, ich kann wohl wenig daran ändern. Obwohl — vieles schaff ich so ganz allein auch nicht. Die Schulprobleme von den Kindern. Und immer allein zur Lehrerin gehen müsen und alles ausbügeln . . .“

Herr K.: „Na ja, in unserer Firma klappt alles auch ganz gut. Ist natürlich alles ziemlich korrekt dabei. Zum Beispiel: Anmeldung beim Chef nur durchs Vorzimmer. Das kostet natürlich 'ne Menge Zeit. In der könnte man auch was Wichtigeres tun. Ganz abgesehen davon, daß man sich immer vorkommt wie ein Bittsteller . . .“

Anne: „Und weißt du, Mutti, das stimmt einfach nicht, daß ich mich nie melde. Die Frau Karff, die sieht das ganz oft nicht. Und dann nimmt sie andauernd dieselben dran. Das ist richtig ungerecht! Und wenn man dann nicht so genau weiß, was richtig ist und ob man das sagen soll. Und wenn es nicht richtig ist, dann lachen die alle ganz blöd und kichern . . .“

In Arbeitsblatt 33 können Sie üben, wie Sie Verständnis, Interesse, Anteilnahme so ausdrücken, daß es für den anderen hilfreich und angenehm ist.

Sie sollten für die Übungen die folgenden Überlegungen und Hinweise beachten:
Wir sind meist daran gewöhnt, Verhalten und Empfindungen anderer nach unseren persönlichen Erfahrungen zu bewerten. Unsere erste Reaktion, wenn wir erkennen, was ein anderer denkt und empfindet, ist deshalb meist, ihm zu sagen, das sei nicht so wichtig, nicht so schlimm. Wir erklären ihm, welche Fehler er macht, und machen ihm Vorschläge, wie er seine Probleme lösen könnte. Wir neigen dazu, dem anderen gutgemeinte Ratschläge zu geben (um ihm zu helfen, um ihn loszuwerden), die auf seine persönliche Situation jedoch meist nicht zutreffen. Vermutlich haben Sie selbst die Erfahrung gemacht, daß Bewertungen und Ratschläge von anderen Sie abblocken und Ihnen nicht weiterhelfen. Wenn Sie also wirklich einen guten Kontakt zu einem anderen Menschen herstellen möchten, sollten Sie versuchen,

◯ sein Verhalten nicht zu bewerten

◯ seine Sichtweise gelten zu lassen, auch wenn sie anders ist als Ihre eigene

◯ mit ihm so über seine Situation zu sprechen, wie Sie es verstehen und nachempfinden, wobei Sie

Ihre Meinung zunächst zurückhalten.
Wenn Sie die Übungen in Arbeitsblatt 33 durchgeführt haben, können Sie Ihre Antworten mit den Rückmeldungen in den folgenden Kästen vergleichen.

Karin: Verständnisvolle Äußerungen setzen sich mit Ihrem Kummer auseinander: *„Du bis traurig, wenn er dich allein läßt." „Es kränkt dich, wie er sich verhält."*
„Wenn du traurig bist, erleichtert es dich, wenn du essen kannst." Eine Lösung ihres Problems muß Karin selbst erreichen. Es ist für sie bereits eine Hilfe, wenn sie erlebt, daß sie trotz ihrer Schwierigkeiten akzeptiert wird.

Heinz: Verständnisvolle Äußerungen wären:
„Du hast Angst, daß es beim nächstenmal auch nicht klappt." „Wenn die Inge so ungeduldig ist, dann klappt es nicht bei dir?"

Verständnisvolle, nicht bewertende Zuwendung können Sie überall üben: gegenüber Bekannten, dem Partner, den Kindern, in der Kneipe, in Rollenspielen mit anderen.

Konzentrieren Sie sich auf den Sprecher und teilen Sie ihm mit, was Sie von seinen Gefühlen verstanden haben. Versuchen Sie, seine Sichtweise zu erfassen und nicht zu bewerten.

Karin: „Weißt du, wenn ich dann merke, wie er wieder so auf dem Sprung ist, wegzugehen. Dann sag ich eben ganz freundlich — weil ich mich beherrschen will: ‚Geh ruhig, ich hab auch was vor heute abend.‘ Und dann, wenn er weg ist, kommt es über mich. Dann geh ich an den Kühlschrank. Und dann kann ich nicht mehr aufhören. Erst wenn ich alles aufgegessen habe, fühle ich mich erleichtert . . .“

Überprüfen Sie, ob Ihre Äußerung wirklich verständnisvoll ist. Haben Sie versucht, Karin zu beruhigen: „Ach, mach dir nichts draus!“ „Das wird schon wieder!“ Diese Reaktionen banalisieren Karins Problem und blocken sie ab. Oder haben Sie mit Erklärungen reagiert wie: „Du mußt deinen Liebesentzug durch Essen kompensieren.“ „Du frißt, weil du unglücklich bist.“ Solche Äußerungen bewerten und wirken entmutigend.

Heinz: „Es ist nicht einfach, darüber zu sprechen. Aber ich muß das einfach loswerden. Also — du weißt ja, daß die Inge und ich schon ziemlich lange zusammen sind. Na ja, und in letzter Zeit — also, da kann ich manchmal nicht, verstehst du? Obwohl ich zunächst Lust hatte und ziemlich scharf auf sie war. — Ich bin dann immer ziemlich kaputt. Obwohl, sie ist dann immer sehr lieb — aber man merkt natürlich, daß sie enttäuscht ist; also, wenn ich an das nächste Mal denke, wenn ich merke, daß sie will . . .“

Erlernen von selbstsicherem, angstfreiem Verhalten

Dieser Abschnitt ist für Sie wichtig,

〇 wenn Ihnen bestimmte Situationen, Dinge, Ereignisse starke Angst machen und Sie so sehr verunsichern, daß Sie es kaum ertragen können,

〇 wenn Sie in bestimmten Situationen nicht wissen, wie Sie sich verhalten sollen,

〇 wenn Sie in bestimmten Situationen Ihre Angst und Unsicherheit auch körperlich spüren (Ihr Herz schlägt schneller, Sie schwitzen, Ihnen wird übel),

〇 wenn Sie befürchten, daß Sie in bestimmten Situationen hilflos sein werden und sie deshalb vermeiden.

Es kann sein, daß Sie noch genau wissen, in welcher Situation Sie Ihre Angst oder Unsicherheit gelernt haben:

〇〇 *Angst beim Schwimmen:*
*Ich habe Angst, in einem See oder Schwimmerbecken zu schwimmen. Immer wenn ich keinen Grund mehr unter den Füßen habe oder der Rand weit von mir weg ist, überkommt mich panische Angst. Ich habe diese Angst, seit ich vor 2 Jahren mitten in einem See einen Krampf bekam. Ich schrie um Hilfe, aber meine Freunde dachten, ich mache Spaß. Mit letzter Kraft schwamm ich zurück. Diese Angst habe ich immer wieder, wenn ich keinen Grund mehr unter den Füßen spüre; ich bekomme sofort Herzklopfen und beginne zu zittern.*〇〇

〇〇 *Angst, in Gruppen etwas zu sagen:*
*Ich weiß noch genau, wie eine Lehrerin in der Volksschule mich mal nach vorn holte, als ich eine Aufgabe nicht konnte, und mich vor der ganzen Klasse an der Tafel rechnen ließ. Und ich wußte überhaupt nichts mehr und machte wirklich auch alles falsch, was ich sonst wußte. Und ich heulte natürlich, und sie sagte dann so vor allen, daß ich ja wohl so blöd wär, daß ich auf die Hilfsschule gehöre. Ich glaube, daß es auch damit zusammenhängt, daß ich so schüchtern und vorsichtig bin und es fast nie wage, mal eine Antwort zu geben, wenn in der Gruppe mehr als zehn sind. Oder wenn da ein Leiter ist, der so streng wirkt.*〇〇

In den meisten Fällen können Sie wahrscheinlich nicht mehr genau herausfinden, wie Ihre Angst entstanden ist. Das ist jedoch nicht schlimm, denn um zu lernen, sicherer zu werden, ist es viel wichtiger, daß Sie genau angeben können, welche Signalreize heute Angst oder Unsicherheit in Ihnen auslösen. Diese Signalreize haben Sie vermutlich schon bei der Verhaltensanalyse herausgefunden (Arbeitsblatt 6, 8 → Seite 49, 54). Sie sollten sie im Zusammenhang mit dem folgenden Training genau angeben.

Listen Sie alle Signalreize auf, die in Ihnen Angst, Unsicherheit,
körperliche Spannung, Erregung auslösen, die Sie vermeiden. Benutzen Sie dazu die Informationen aus Ihrer Verhaltensanalyse
und -beobachtung:

Überprüfen Sie Ihre Angaben: Haben Sie den Eindruck, daß es sich
um sehr verschiedenartige Signalreize handelt? Kennzeichnen Sie
alle Angaben, die zusammengehören, mit A beziehungsweise B, C,
D . . .
Entscheiden Sie: Welche dieser zusammengehörigen Signalreize
sind am bedeutungsvollsten für Sie, für Ihr momentanes Leben?
Ergänzen Sie die Angaben zu diesem Bereich, und streichen Sie die
übrigen.

Sie können das Training immer dann sinnvoll einsetzen, wenn Sie lernen möchten, mit angstauslösenden, für Sie unangenehmen Situationen, Ereignissen, Dingen besser fertig zu werden. Es ist ganz gleich, ob Sie Angst vor Tieren haben, Angst davor, in großen Räumen oder in einem Fahrstuhl zu sein, ob Sie sich vorm Fliegen, Schwimmen, Autofahren fürchten oder ob es Sie unsicher macht, wenn andere Sie kritisieren, wenn Sie in einer Gruppe etwas sagen wollen, auf einen fremden Menschen zugehen möchten . . .

Um ein selbstsicheres, angstfreies Verhalten aufzubauen, bereiten Sie Ihr Training folgendermaßen vor:

①Tragen Sie in Arbeitsblatt 34 alle Signalreize ein, die in Ihnen Angst, Unsicherheit, Spannung auslösen oder die Sie vermeiden.

②Überprüfen Sie, ob Sie sehr verschiedenartige Signalreize aufgeschrieben haben (zum Beispiel: Angst, wenn ich 3 Meter vom Beckenrand entfernt bin; Angst, wenn ich in einem Fahrstuhl mit mehreren Leuten fahre; Unsicherheit, wenn ich in einer Arbeitsgruppe mit mehr als 5 Leuten bin). Kennzeichnen Sie alle Signalreize, die etwas gemeinsam haben, mit dem gleichen Buchstaben („A" für alle Signalreize, die sich auf Schwimmen beziehen . . .).

③Entscheiden Sie, welche Gruppe von Signalreizen, welcher Angstbereich für Sie besonders wichtig ist. (In welchem Bereich ist Ihre Angst, Ihre Unsicherheit so groß, daß es für Sie sehr notwendig ist, ein angstfreies, sicheres Verhalten zu erlernen?) Kennzeichnen Sie den Bereich, den Sie in Angriff nehmen wollen, und streichen Sie die Bereiche, die eine geringere Bedeutung für Ihr Leben haben. Sie können sich jedoch bei mehreren wichtigen Bereichen auch dafür entscheiden, sie nacheinander zu bearbeiten.

④Legen Sie nun für jeden Signalreiz aus dem Bereich, den Sie verändern wollen, einen Zettel bereit. Unterteilen Sie jeden Zettel wie in Arbeitsblatt 35, und machen Sie zu jedem Signalreiz die entsprechenden Angaben über Ihr momentanes und über Ihr erwünschtes Verhalten. Beschreiben Sie Ihr Verhalten so genau wie möglich (wie äußert sich Ihre Angst, Ihre Unsicherheit? Wie vermeiden Sie die Signalreize?). Benutzen Sie für diese Angaben die Hinweise aus Ihrer Verhaltensanalyse und -beobachtung (Arbeitsblatt 6, 10, 11, 12, 15 → Seite 49, 59, 62, 63, 73). Wenn Sie unsicher sind, wie Ihr erwünschtes Verhalten aussehen soll, können Ihnen Gespräche mit anderen helfen oder die Beobachtung von Menschen, die bei solchen Signalreizen angstfrei und sicher reagieren.

Was mich ängstlich/unsicher macht:

Ich sitze in einer Kneipe (Restaurant, Café), an einem anderen Tisch sitzt ein Mädchen, das mir gefällt.

Wie ich mich meist verhalte:

Ich sehe sie verstohlen (unauffällig) an. Wenn sie zu mir schaut, blicke ich schnell weg.

Wie ich mich verhalten möchte:

Sie direkt und lange ansehen, so daß sie aufmerksam wird, sie dann anlächeln. Sie dann ansprechen und sagen: „Ich finde Sie sehr nett."

Sie gleich ansprechen: „Stört es Sie, wenn ich mich zu Ihnen setze?" „Darf ich mal Ihre Streichhölzer haben?" „Sie sehen sehr sympathisch aus . . ."

Was mich ängstlich/unsicher
macht:

Wie ich mich meist verhalte:

Wie ich mich verhalten möchte:

⑤ Nun ordnen Sie die Zettel nach der Stärke der Angst/Unsicherheit, die die Signalreize in Ihnen auslösen. Numerieren Sie die Signalreize:

Nummer 1: Signalreize, die sehr geringe Angst auslösen.

Nummer 2: Signalreize, die geringe Angst auslösen.

Nummer 3: Signalreize, die etwas Angst auslösen.

Nummer 4: Signalreize, die eher starke Angst auslösen.

Nummer 5: Signalreize, die starke Angst auslösen.

Nummer 6: Signalreize, die sehr starke Angst auslösen.

Nummer 7: Signalreize, die unerträgliche Angst auslösen.

Wenn einige Signalreize das gleiche Ausmaß von Angst/Unsicherheit in Ihnen auslösen, bekommen sie die gleiche Nummer. Jede Kategorie sollte einen oder mehrere Signalreize enthalten.

⑥ Sie haben nun eine vorläufige Rangordnung Ihrer Signalreize, die Sie in Arbeitsblatt 36 übertragen können. Bevor Sie mit dem gezielten Training zum Ausbau von angstfreiem, selbstsicherem Verhalten beginnen, rekapitulieren Sie die folgenden Hinweise.

Üben Sie systematisch:

Sie nähern sich den Signalreizen systematisch in kleinen Schritten. Sie beginnen mit dem Signalreiz, der die geringste Angst in Ihnen auslöst, setzen sich ihm kurzfristig aus und versuchen, Ihr erwünschtes Verhalten zu zeigen. Sie konfrontieren sich einige Male mit dieser Situation, so lange, bis Sie keine Angst/Unsicherheit mehr verspüren. Dann setzen Sie sich dem nächstschwierigen Signalreiz aus. So gehen Sie die Signalreize der Reihe nach durch, bis Sie bei dem Signalreiz angelangt sind, der in Ihnen am meisten Angst/Unsicherheit auslöst.

Wählen Sie zwischen verschiedenen Übungsformen:

Sie können sich dem Signalreiz direkt aussetzen, ihn im Rollenspiel durchspielen, ein Modell in der entsprechenden Situation beobachten oder sich dem Signalreiz in der Vorstellung aussetzen und Ihr Verhalten in Gedanken durchspielen. Immer dann, wenn ein Signalreiz große Angst in Ihnen auslöst, empfiehlt es sich, ihn zunächst in der Vorstellung durchzuspielen. Sehr günstig ist es, wenn Sie diese Vorstellung in körperlich entspanntem Zustand herbeiführen. Immer dann, wenn Sie unsicher sind, wie Sie sich bei einem bestimmten Signalreiz verhalten sollen, ist es günstig, diese Situation zunächst im Rollenspiel zu erproben oder eine andere Person zu beobachten, die versucht, die gleiche Schwierigkeit zu meistern.

Üben Sie in entspanntem Zustand:

Sie setzen sich den Signalreizen zunächst nur kurzfristig aus und brechen die Übung ab, wenn Sie Angst verspüren oder unsicher werden. Sie entspannen sich vor und nach der Übung körperlich. Wenn Sie eine Übung abbrechen, unternehmen Sie einen neuen

Versuch erst dann, wenn Sie wieder ganz ruhig und entspannt sind.
Belohnen Sie sich nach jeder Anstrengung:
Das systematische Training kostet Sie Mühe und ist anstrengend. Sie belohnen sich deshalb nach jedem Übungsschritt angemessen.

🔵🔵 *Angst im Fahrstuhl, Signalreiz Nummer 1*
Meine Übungsschritte:
Ich entspanne mich und stelle mir vor, wie ein leerer Fahrstuhl aussieht. — Ich stelle mir in entspanntem Zustand vor, wie ich in einem Fahrstuhl allein bin, die Tür geht zu, ich bediene die Knöpfe. — Ich beobachte Menschen, die einen Fahrstuhl betreten. — Ich betrete gemeinsam mit einem Freund einen leeren Fahrstuhl und gehe gleich wieder raus. — Alle Übungsschritte unterbreche ich sofort, wenn ich unruhig werde. Ich übe jeden Schritt so lange, bis ich angstfrei bin, dann gehe ich zum nächsten Schritt über. Für jede Übung bekomme ich 3 Chips (zu Beginn), 2 Chips (wenn ich nur noch etwas aufgeregt bin) oder 1 Chip (am Ende der Übung, wenn ich schon fast angstfrei bin). Die Chips kann ich in Belohnungen eintauschen.🔵🔵
🔵🔵 *Angst in Arbeitsgruppen, Signalreiz Nummer 4: In meiner Gruppe wird eine Frage gestellt, und ich bin nicht sicher, ob ich eine richtige Antwort weiß.*

Meine Übungsschritte:
Ich beobachte, wie die anderen Mitglieder sich verhalten. — Ich achte vor allem auf Monika, die sich traut, auch mal was Falsches zu sagen. — Ich stelle mir vor, wie ich selbst auf die Frage antworte. — Ich übe diese Situation mit Karl und Monika im Rollenspiel. — Ich gebe direkt in der Situation eine kurze Antwort. — Für jedes Üben bekomme ich je nach Schwierigkeit 1—4 Chips. Wenn ich eine gute Antwort gebe, bekomme ich noch 1 Chip extra.🔵🔵
⑦ Tragen Sie nun Ihre spezielle Übungsform und die Belohnung, die Sie sich dafür geben wollen, ebenfalls in Arbeitsblatt 36 ein.
⑧ Überprüfen Sie noch einmal, ob der Anfangsschritt nicht zu schwierig ist. Wenn er zu große Angst in Ihnen auslöst, versuchen Sie, einen einfacheren Schritt zu finden und dazwischenzuschieben. Auch wenn Sie zwischendurch „Sprünge" bemerken, die Abstände in der Schwierigkeit zwischen den einzelnen Übungen zu groß werden, sollten Sie einen Zwischenschritt einbauen. Mit dem gezielten Training beginnen Sie, nachdem Sie einen Vertrag mit sich abgeschlossen haben (Arbeitsblatt 39 → Seite 144). Für Schwierigkeiten, die bei der Durchführung des Trainings auftreten, finden Sie in Kapitel 8 Ratschläge.

Arbeitsblatt 36   Rangordnung meiner Signalreize/Übungen für ein angstfreieres Verhalten (Beispiel)

Angst/ Unsicherheit	Signalreize	Erwünschtes Verhalten	Übungsform	Belohnung
gering **1**	a) muß im Betrieb eine Auskunft einholen	eine Kollegin fragen	direkt, wenn Situation auftritt	Pro Übung je nach Schwierigkeit 1—4 Chips. Wenn es leicht geht, nur noch Belohnungen für die nächstschwierige Aufgabe.
	b) sehe in Kneipe Mädchen, das mir gefällt	sie ansehen, anlächeln		
	c) habe abends nichts vor	eine Bekannte anrufen und fragen, ob sie mit ins Kino geht		
etwas **2**	a) komme bei der Arbeit nicht klar, bin in Zeitdruck	eine Kollegin bitten, mir zu helfen	direkt, wenn Situation auftritt	
	b) bin auf einer Fete	mit einem fremden Mädchen ein Gespräch anfangen	einen Freund beobachten, es auf meine Art nachmachen	
	c) sehe auf der Straße Mädchen, das mir gefällt	sie ansprechen		
stark **3**	gehe mit einem Mädchen aus, das ich mag, aber nicht gut kenne	ihr sagen, daß ich sie mag	erst in der Vorstellung, dann direkt	
sehr stark **4**	bin mit einem Mädchen zusammen, das ich mag, aber noch nicht so gut kenne	a) sie berühren (streicheln, in den Arm nehmen) b) sie küssen c) mit ihr über meine sexuellen Wünsche sprechen	erst in der Vorstellung, dann direkt	
unerträglich **5**	bin mit einem Mädchen, das ich noch nicht so gut kenne, im Bett, und es klappt nicht	a) mit ihr schlafen b) sie verführen c) darüber sprechen und trotzdem zärtlich mit ihr sein	erst in der Vorstellung, dann direkt	

Arbeitsblatt 36 Rangordnung meiner Signalreize/Übungen für ein angstfreieres Verhalten

Angst/ Unsi- cherheit	Signalreize	Erwünschtes Verhalten	Übungsform	Be- loh- nung
gering **1**				
etwas **2**				
stark **3**				
sehr stark **4**				
unerträglich **5**				

Kapitel 8

Die Zusammenstellung Ihres Änderungsprogramms

In diesem Kapitel finden Sie Hinweise, die Ihnen bei der endgültigen Entscheidung helfen, ob Sie ein systematisches Änderungsprogramm zusammenstellen sollen, und eine genaue Anleitung, wie Sie dabei vorgehen können. Außerdem finden Sie Anregungen, wie Sie andere Menschen treffen, mit denen Sie Ihr Verhalten gemeinsam ändern können, und Informationen, wo Sie fachliche Hilfe erhalten, wenn Ihre Probleme zu belastend werden.

Wann Sie ein systematisches Änderungsprogramm zusammenstellen sollten

Nicht für alle, die begonnen haben, ihr Problem zu durchdenken, ihr Verhalten und ihre Lebenssituation zu analysieren und Ziele für eine Veränderung zu definieren, ist es notwendig, ein gezieltes und systematisches Training zur Kontrolle von störendem Verhalten und/oder zum Aufbau von neuem Verhalten anzuschließen. Vielleicht stellen Sie fest, daß Sie sich schon verändert und Ihre Ziele in einem Ausmaß erreicht haben, mit dem Sie zufrieden sind. Eine solche Veränderung von Einstellungen und Verhaltensweisen kann dadurch zustande kommen,

○ daß Sie sich ausführlich mit Ihren Problemen beschäftigt haben und sich klarer darüber geworden sind, was Sie stört und belastet,

○ daß Sie genauer wissen, welche Ziele Sie erreichen möchten.

○ daß Sie die Bedingungen besser kennen, unter denen Ihr Problemverhalten auftritt und aufrechterhalten wird,

○ daß Sie genauer wissen, unter welchen Bedingungen Ihr erwünschtes Verhalten auftreten kann und bekräftigt wird.

Dadurch, daß Sie viele Situationen aufmerksamer erleben, haben Sie vielleicht schon ohne systematisches Training eine allmähliche Änderung Ihres Verhaltens in Richtung Ihrer Ziele eingeleitet. Oder Ihnen gibt allein die Klarheit über Ihre Schwierigkeiten ein Gefühl der Sicherheit, das Sie ermutigt, neue Verhaltensweisen auszuprobieren und belastende Situationen besser zu meistern.

Nach der Verhaltensanalyse hatte ich wenig Lust, ein systematisches Änderungstraining durchzuführen. Ich war eigentlich damit zufrieden, daß ich klarer sehen konnte, wodurch meine Angst und Hilflosigkeit gegenüber meinem Vater ausgelöst wurde. Als ich Weihnachten zu Hause war, merkte ich dann überrascht, daß ich mich ihm gegen-

über jetzt ganz anders durchsetzen kann, daß ich meine Ziele
zu einem großen Teil schon erreicht habe. Ich glaube, daß mir
die Gespräche mit den anderen
Teilnehmern in meiner Gruppe
und das eigene intensive Nachdenken über mein Problem dabei
geholfen haben.◯◯

Es kann auch sein, daß die genaue Beobachtung Ihres Verhaltens zu einer deutlichen und sta-
bilen Änderung geführt hat:

◯◯Ich habe mein Fingernägel-
kauen jetzt 5 Wochen lang genau
beobachtet. Nach der ersten
Woche war ich so weit, daß ich es
in fast allen Fällen bemerkte,
wenn ich anfing zu knabbern. Inzwischen habe ich festgestellt,
daß das Knabbern nur noch halb
so häufig auftritt wie am Anfang.
In der letzten Woche ist es mir
auch schon verstärkt gelungen,
die Bewegung (Hand zum Mund
führen) im Ansatz abzu-
brechen.◯◯

Einige von Ihnen werden vermutlich auch durch die Informationen in Kapitel 5, 6, 7 dazu angeregt worden sein, ihr Verhalten in
einem gewissen Ausmaß in Richtung auf ihr Ziel zu verändern:

◯◯Bei der Suche nach Bekräftigern ist mir klar geworden, daß
ich mich eigentlich nur sehr selten
für eine Arbeit belohne. Ich
neige dazu, sehr viel von mir zu
verlangen, bin aber andererseits
nie zufrieden mit mir und gönne
mir auch nie was. Inzwischen
achte ich aber mehr darauf, mich
nicht so sehr zu überfordern,

mich auch für die Erledigung
kleinerer Aufgaben zu belohnen,
und ich stelle dabei fest, daß
meine Arbeits- und Konzentrationsstörungen dadurch an Bedeutung verloren haben.◯◯

Die Zusammenstellung und systematische Durchführung eines
Änderungsprogramms ist vermutlich für Sie nicht so wichtig, wenn
Sie den Eindruck haben, daß Sie
sich in Ihrem Verhalten deutlich
verändert und Ihre Ziele in großem Ausmaß erreicht haben. Es
ist aber auf jeden Fall sinnvoll,
wenn Sie diesen Eindruck genau
überprüfen, indem Sie Ihr Verhalten jetzt noch einmal beobachten (Arbeitsblatt 44 → Seite
165), feststellen, was sich für Sie
alles verändert hat (Arbeitsblatt
45 → Seite 168) und was Sie über
Verhaltensänderung gelernt haben (Arbeitsblatt 46→ Seite 170).

Wenn Sie unsicher sind,
ob bestimmte Verände-
rungen, die Sie spüren,
stabil bleiben werden,
oder wenn Sie in Ihrem
Verhalten noch keine
Veränderungen feststel-
len und es Ihnen weiter-
hin wichtig ist, Ihre
Ziele zu erreichen, dann
sollten Sie einen syste-
matischen Änderungs-
plan zusammenstellen
und konsequent durch-
führen.

Wie Sie Ihr Änderungsprogramm zusammenstellen können

In Kapitel 5, 6, 7 haben Sie sich mit den wichtigsten Vorgehensweisen vertraut gemacht, mit denen störende Verhaltensweisen verändert werden können. Sie haben einige Arbeitsblätter vermutlich schon ausgefüllt und Vorschläge unsystematisch ausprobiert, so daß Ihnen ungefähr klar geworden ist, wie Sie vorgehen können.

Wenn Sie zum Beispiel Angst in einer bestimmten Situation haben und ein angstfreies Verhalten aufbauen möchten, dann wissen Sie, daß Sie das Entspannungstraining einsetzen können, eine Hierarchie von immer schwierigeren angstauslösenden Bedingungen aufstellen müssen und sich ihnen schrittweise in entspanntem Zustand auszusetzen haben. Wenn Sie aufhören wollen zu rauchen und Arbeitsblatt 23 als Grundlage für Ihr Training benutzen wollen, müssen Sie nur noch überlegen, welche Aufgaben generell für Sie in Frage kommen, in welcher Reihenfolge Sie die Aufgaben üben wollen und um wie viele Aufgaben Sie Ihren Übungsplan jeweils erweitern wollen. Es kann aber auch sein, daß Sie durch die Vielzahl der Möglichkeiten, die Ihnen angeboten worden sind, verwirrt werden und noch nicht zu entscheiden imstande sind, welches Vorgehen für Ihr Problem angemessen ist. Sie sollten sich dann die letzten 3 Kapitel noch einmal in Ruhe durchlesen und die Arbeitsblätter der Reihe nach durchgehen, dabei die Vorgehensweisen anstreichen, die Ihnen wichtig erscheinen, und überlegen, welche davon besonders geeignet sein könnten. Um Ihnen die Zusammenstellung Ihres Änderungsprogramms zu erleichtern, haben wir in Arbeitsblatt 37 noch einmal sämtliche Vorgehensweisen aufgelistet. Sie gehen dieses Arbeitsblatt am besten an Hand der folgenden Überlegungen durch:

①Welche der angebotenen Vorgehensweisen kommen für Ihr Problem überhaupt in Frage? Wollen Sie allgemein ein Verhalten in kleinen Schritten aufbauen (Kapitel 5); wollen Sie lernen, unabhängiger zu werden von Signalreizen, die Ihr Verhalten steuern (Kapitel 6); wollen Sie Ihre Gefühle und Bedürfnisse stärker zeigen (Kapitel 7) oder ein angstfreies, selbstsicheres Verhalten erlernen (Kapitel 7)?

②Welche der Arbeitsblätter zu den einzelnen Vorgehensweisen sind für Ihr Problem angemessen? Kreuzen Sie in Arbeitsblatt 37 alle Arbeitsblätter an, die Sie in Ihrem Änderungsprogramm benutzen wollen. Der Einsatz von Bekräftigern ist für alle Änderungsprogramme notwendig.

Arbeitsblatt 37   Vorgehensweisen, die ich für meinen Änderungs-plan benutzen will

Kreuzen Sie an, welche Arbeitsblätter Sie benutzen wollen:

Arbeitsblatt 18   Bekräftigungen, die ich einsetzen kann   ◯
→ Seite 84

Arbeitsblatt 19   Wie ich mein Verhalten in kleinen Schritten ◯
→ Seite 92   ändere

Arbeitsblatt 20   Anleitung zur Kurzentspannung   ◯
→ Seite 94

Arbeitsblatt 21   Ich unterbreche und ändere den Ablauf   ◯
→ Seite 101   meines Problemverhaltens

Arbeitsblatt 22   Aufgaben, um von Nahrungsmitteln un-   ◯
→ Seite 105   abhängiger zu werden

Arbeitsblatt 23   Aufgaben, um von der Zigarette unabhän-   ◯
→ Seite 106   giger zu werden

Arbeitsblatt 24   Aufgaben, um vom Alkohol unabhängiger ◯
→ Seite 108   zu werden

Arbeitsblatt 25   Ich trainiere, unabhängiger von Signal-   ◯
→ Seite 109   reizen zu werden

Arbeitsblatt 26   Wie ich Gefühle und Empfindungen durch ◯
→ Seite 115   Körpersprache ausdrücke

Arbeitsblatt 27   Ich äußere mich, wenn mir etwas gefällt   ◯
→ Seite 116

Arbeitsblatt 28   Ich äußere mich, wenn mir etwas nicht paßt ◯
→ Seite 117

Arbeitsblatt 29   Ich äußere mich, wenn ich Hilfe brauche   ◯
→ Seite 118

Arbeitsblatt 30   Ich nehme Lob von anderen an   ◯
→ Seite 119

Arbeitsblatt 31   Was ich sonst noch möchte   ◯
→ Seite 120

Arbeitsblatt 32   Ich versuche zu verstehen, was der andere ◯
→ Seite 122   meint und empfindet

Arbeitsblatt 33   Ich teile dem anderen mit, was ich von   ◯
→ Seite 124   seinem Problem verstanden habe

Arbeitsblatt 36   Rangordnung meiner Signalreize/Übungen ◯
→ Seite 132   für ein angstfreies, sicheres Verhalten

③Wenn Sie nur eine Vorgehensweise angekreuzt haben, sollten
Sie noch einmal überlegen, ob sie
ausreicht, um Ihr Verhalten zu
verändern und Ihre Ziele zu erreichen. Wenn Sie mehrere Vorgehensweisen angekreuzt haben,
sollten Sie überlegen, ob sie alle
notwendig sind, um Sie Ihrem
Ziel näherzubringen. Wenn man
belastende Probleme hat, möchte
man sie meist so schnell wie möglich loswerden und neigt dazu,
von sich zuviel zu verlangen. Um
eine stabile Verhaltensänderung
zu erreichen, sollte man sich jedoch am Anfang nicht zuviel zu-
muten.

④Um eine Überforderung zu
vermeiden, ist es in vielen Fällen
sinnvoll, das Vorgehen in einzelne
Schritte zu unterteilen und einen
stufenweisen Änderungsplan zu-
sammenzustellen. Die Reihenfolge Ihres Vorgehens und die
Festlegung der einzelnen Stufen
können Sie in Arbeitsblatt 38 vor-
nehmen. In diesem Arbeitsblatt
stellen Sie Ihren endgültigen Änderungsplan zusammen. Sie bringen dazu die in Arbeitsblatt 37
angekreuzten Vorgehensweisen in
eine Reihenfolge, die Ihnen für
ein systematisches Training sinnvoll erscheint. Dann geben Sie an,
wie oft und lange Sie üben wollen
und womit Sie sich anschließend
bekräftigen. Und schließlich legen Sie fest, wann welche Bedingungen erfüllt sein müssen, damit
Sie zum nächsten Schritt übergehen können. Sie sollten dieses
Arbeitsblatt möglichst genau und

klar ausfüllen und die für Sie
wichtigen Arbeitsblätter hinzu-
fügen (noch einmal kontrollieren,
ob sie genau bearbeitet worden
sind), so daß Sie sich in den nächsten Wochen für Ihr Training
nach diesem Plan richten können.

⑤Besonders wichtig ist es, daß
Sie sich über die Reihenfolge
Ihrer Übungen klarwerden. Sie
sollten zum Beispiel entscheiden,
ob Sie verschiedene Vorgehensweisen gleichzeitig üben wollen
(unabhängiger von Nahrungsmitteln werden, Gefühle und Bedürfnisse deutlicher ausdrücken)
oder nacheinander (1. Stufe: Von
Nahrungsmitteln unabhängiger
werden; 2. Stufe: Gefühle und
Bedürfnisse deutlicher ausdrük-
ken; die 2. Stufe wird erst begonnen, wenn die 1. Stufe befriedi-
gend abgeschlossen ist). In den
meisten Fällen können Sie auch
ungefähr festlegen, wieviel Zeit
Sie für die einzelnen Schritte ein-
planen wollen.

Immer dann, wenn Sie zeitlich
sehr belastet sind oder den Eindruck haben, daß das Änderungstraining anstrengend wird, sollten
Sie verschiedene Stufen einpla-
nen. In der ersten Stufe sollten Sie
dann dasjenige Training durchführen, das vermutlich relativ
bald abgeschlossen sein wird, bei
dem Sie schnell deutliche Erfolge
sehen und das Ihnen vermutlich
Spaß machen wird.

Arbeitsblatt 38   Mein persönliches Änderungsprogramm
(Beispiel)

Stufe	Ziel	Arbeitsblätter/zusätzliche Angaben/zeitliche Dauer	Bekräftigung
1	Aufbau von neuem Verhalten: Meine Gefühle und Bedürfnisse deutlich auszudrücken	Arbeitsblatt 26, 28, 29 Bei allen im Arbeitsblatt 8 angegebenen Signalreizen (Anforderungen von Chef, Kollegen, Partner, Kindern) die angekreuzten Reaktionen zeigen. Ca. 2 Wochen. Das Ziel ist erreicht, wenn es mir in ca. 90 % aller Fälle ohne Anstrengung gelingt, meine Gefühle auszudrücken.	je nach Schwierigkeit 1—5 Symbole pro Tag ca. 3—5 Situationen
	körperlich entspannter werden	Gleichzeitig: jeden Abend vor dem Einschlafen das Entspannungstraining üben.	2 Symbole bei intensiver Durchführung, sonst 1 Symbol
2	Verminderung von störenden Verhalten: unabhängiger von Nahrungsmitteln werden	Arbeitsblatt 22 1. Woche: Aufgabe 1— 5 2. Woche: dazu 6—10 3. Woche: dazu 11—15 4. Woche: dazu 16—20 5. Woche: dazu 20—25	für jedes Einhalten der Aufgaben 1 Symbol, wenn es schwerfällt, 2 oder 3 Symbole

Vorläufiger Umtauschplan:
1 Symbol = 1 Tasse Tee, Kaffee
5 Symbole = $^{1}/_{2}$ Stunde Krimi, Zeitschriften lesen, Platten hören
10 Symbole = abends 1 Stunde fernsehen, Bier trinken gehen,
M. oder P. besuchen
15 Symbole = ins Kino, Theater, Konzert gehen, Essen gehen,
Platte, Buch kaufen
30 Symbole = Wochenendausflug
100 Symbole = 4tägige Ferienreise an die See

Arbeitsblatt 38   Mein persönliches Änderungsprogramm

Stufe	Ziel	Arbeitsblätter/zusätzliche Angaben/zeitliche Dauer	Bekräftigung

Ihr Vertrag mit sich selbst

Auch wenn Sie sich bei der Planung Ihres Änderungsprogramms bemüht haben, Ihr Ziel in kleinen Schritten mit vielen Bekräftigungen anzusteuern, fällt es Ihnen vielleicht trotzdem schwer, die vielen Mühen eines solchen Trainings auf sich zu nehmen. Denn oft ist es im Augenblick unangenehmer, ein Verhalten zu verändern, als damit weiterzuleben. Außerdem ist die Aussicht auf das endgültige Ziel — die Belohnung für alle Anstrengungen — meist so weit entfernt, daß sie uns kaum beim Durchhalten hilft. Ein guter Kniff, mit dem Sie sich an Ihren Veränderungsplan binden können, ist ein Vertrag, den Sie mit sich selbst oder vielleicht auch mit jemand anderem abschließen (Arbeitsblatt 39). Darin verpflichten Sie sich, Ihr Änderungsprogramm bis zu Ende durchzuführen. In diesem Vertrag sollten Sie auch eine Konsequenz festlegen für den Fall, daß Sie Ihr Programm abbrechen. Diese Konsequenz für das Nichteinhalten des Vertrages sollte für Sie in jedem Fall so unangenehm sein, daß Sie unter dem selbstauferlegten Druck Ihren Änderungsplan tatsächlich einhalten, vor allem in Situationen, die für Sie unangenehm und belastend sind. In Ihrem Vertrag sollten Sie genau festlegen:

① Wie lange er gelten soll.
Oft empfiehlt es sich, mehrere Verträge über kürzere Zeiträume abzuschließen; sie machen Ihr Vorhaben überschaubarer und sind leichter einzuhalten.

② Was unter Nichteinhalten des Vertrages verstanden werden soll. Im allgemeinen halten Sie Ihren Vertrag nicht ein, wenn Sie Ihr Änderungsprogramm abbrechen, ohne Ihr Ziel erreicht zu haben. Sie sollten sich in Ihrem Vertrag jedoch die Möglichkeit einräumen, daß Sie Ihren Änderungsplan modifizieren können, falls er sich als schwer durchführbar erweist, oder auch fachliche Hilfe suchen, wenn Sie es als notwendig erachten.

③ Welche unangenehmen Konsequenzen eintreten sollten, wenn Sie Ihren Änderungsplan nicht einhalten.
Sie können einen Scheck für eine Ihnen verhaßte Person/Organisation ausstellen, der abgeschickt wird, wenn Sie Ihren Vertrag brechen. Sie können einen Geldbetrag hinterlegen, der verlorengeht, wenn Sie Ihren Plan nicht einhalten; Sie erhalten das Hinterlegte erst dann zurück, wenn Sie die Bedingungen Ihres Vertrages erfüllt haben. Meist ist es günstig, wenn Sie jemand anderen bitten, zu kontrollieren, ob Sie Ihre Vereinbarungen einhalten.

„Freier werden durch Druck und Kontrolle?"

Ich will freier werden von Kontrollen, und dazu soll ich Druck und Kontrolle von außen einsetzen? So ein Vertrag gefällt mir überhaupt nicht!

Ich sehe das mehr als Hilfe. Hauptsache ist doch, es hat die Wirkung, die du haben willst: daß du mit deiner Veränderung weiterkommst.

Ich war eigentlich ziemlich froh, weil ich einen Weg gesehen habe, wie ich meine Angst in Gruppen und gegenüber fremden Menschen loswerden kann. — Ich hatte richtig Hoffnung, es aus eigener Kraft zu schaffen.

Du willst es schaffen, dich aus eigener Kraft in den Griff zu kriegen. Und dabei kannst du es nicht akzeptieren, daß du dich selbst unter Druck und Kontrolle stellst, um deine selbstgesetzten Ziele zu erreichen?

Ganz genau! Dabei vergeht mir wirklich der Spaß — so miese Tricks, die können mir das ganze Programm verleiden.

Siehst du das Ganze nicht ziemlich einseitig? Ich finde den Vorschlag für mich in Ordnung, als Stütze, falls ich mich selbst beschummeln will.

Ich versteh dich nicht, daß du diese Art von Kontrolle so einfach hinnehmen kannst, solange du dein Ziel erreichst, ist dir jedes Mittel recht!

Vielleicht. Weil mir meine Ziele wichtig sind und ich diesen Vertragsvorschlag als Stütze für die Willenskraft sehe, die ich vielleicht noch nicht immer aufbringen kann — obwohl ich es mir wünsche.

Und der äußere Druck soll dir helfen, bei der Stange zu bleiben?

Ja. Denn der Druck stammt doch von mir selbst. Ablehnen würde ich es, wenn mich ein anderer ohne meinen Willen kontrolliert. In der Situation bin ich nämlich jetzt: Zur Zeit esse ich bei allen möglichen Gelegenheiten. Und ich fühle mich dabei wahnsinnig unfrei und sehr unglücklich. Wenn ich diesen Zwang aufheben kann, indem ich ruhig auch ein Vorgehen wähle, bei dem ich mich aus eigener Entscheidung unter Druck setze, dann finde ich das in Ordnung.

Für dich ist es kein Problem, weil du die Kontrollen selbst festlegst, um mehr Handlungsfreiheit zu erreichen?

Ja, für mich ist mein Ziel so wichtig, daß ich diesen Druck in Kauf nehme, weil ich es anders vermutlich nicht schaffen werde. Außerdem ist es ein zeitlich begrenzter Druck mit definierten Bedingungen. Während ich meinem Freßzwang seit Jahren ausgeliefert bin, ohne daß ich bisher die Möglichkeiten hatte, die Bedingungen, unter denen er mich überfiel, mitzubestimmen.

Ich glaube eigentlich immer noch, daß mir mein Änderungsprojekt Spaß machen wird und daß ich so viele Belohnungen eingeplant habe, daß ich mit Hilfe der Bekräftigung bei der Stange bleiben werde.

Mit diesem Vertrag verpflichte ich mich, mein Änderungsprogramm einzuhalten, wie ich es in Arbeitsblatt 38 festgelegt habe

① Dieser Vertrag gilt von . . . . . . bis . . . . . .

② Wenn ich mein Änderungsprogramm nicht einhalte, dann verliere ich am . . . . . . folgendes oder muß folgendes tun:

Halte ich den Änderungsplan ein, bekomme ich es am . . . . . .
zurück.

③ Unter folgenden Bedingungen soll 2. nicht gelten:

④ Den Vertrag und das, was ich bei Nichteinhalten des Änderungs-
planes verliere, deponiere ich bei (in)

Meine Unterschrift

Datum

Wie Sie andere Menschen finden, mit denen Sie Ihre Probleme gemeinsam bearbeiten können

Schon in früheren Kapiteln wurde darauf hingewiesen, daß es manchmal schwierig ist, Probleme ganz allein anzupacken. Meist ist es einfacher, Probleme zu bearbeiten und auch Verhaltensweisen zu verändern, wenn man Menschen hat, mit denen man darüber sprechen kann, die Verständnis dafür haben und einem weiterhelfen, wenn man es aus eigener Kraft nicht schafft. Eine Hilfe können Familienangehörige, Bekannte, Freunde oder Kollegen sein, zu denen Sie Vertrauen haben. Mehr Unterstützung finden Sie vermutlich aber, wenn Sie sich mit Menschen zusammentun, die ebenfalls persönliche Probleme bearbeiten und verändern wollen, die vielleicht sogar dieselben Schwierigkeiten haben wie Sie. Seit längerer Zeit gibt es zum Beispiel in vielen Städten aktive Selbsthilfeorganisationen für Alkoholgefährdete. Und in letzter Zeit bilden immer mehr Menschen Gruppen, um bestimmte Probleme gemeinsam zu bewältigen:

◯ Mieterinitiativen, Bürgerinitiativen, die den Abbruch eines Hauses, eines Stadtteils verhindern oder andere Rechte verteidigen und erkämpfen möchten.

◯ Menschen, die abnehmen wollen.

◯ Menschen mit körperlichen Behinderungen, die nach einer Behandlung gemeinsam versuchen, ihr alltägliches Leben wiederaufzunehmen, Schwierigkeiten zu meistern.

◯ Frauen, die sich gemeinsam weiterentwickeln und aus überlieferten Rollenerwartungen befreien wollen.

◯ Familien, die sich zusammenschließen, um gemeinsam bessere Möglichkeiten für die Betreuung und Erziehung ihrer Kinder zu schaffen.

◯ Ehemalige Patienten aus psychiatrischen Kliniken, die gemeinsam versuchen, mit den Schwierigkeiten im Arbeitsprozeß und mit der Ablehnung der Umwelt fertig zu werden.

Alte Menschen, die sich zusammenschließen, um ihre Wünsche und Probleme zu besprechen und gemeinsam anzugehen. In solchen Gruppen nimmt man aneinander Anteil, gibt sich gegenseitig Anregung und Unterstützung. Die Erfahrung: „Anderen geht es auch so", die man in solchen Gruppen macht, ist sehr entlastend und ermutigend. Nach unserer Erfahrung ist es leichter und auch wahrscheinlicher, eine Verhaltens- oder auch Einstellungsänderung zu erreichen, wenn man es gemeinsam mit einer Gruppe versucht.

Das hat folgende Ursachen:

◯ Menschen, die ähnliche Schwierigkeiten haben, helfen Ihnen, schneller herauszufinden, worin Ihr Problem besteht, wodurch Ihre Schwierigkeiten gesteuert und aufrechterhalten werden.

◯ Gegenüber Menschen, die zugeben, daß sie auch Schwierigkeiten haben, können Sie eher offen über sich und Ihre Probleme sprechen.

◯ Die Anteilnahme der anderen kann es Ihnen erleichtern, „bei der Stange zu bleiben".

◯ Wenn Sie in kritischen Momenten keine Kraft mehr haben und alles hinwerfen und aufgeben wollen, kann es Sie stützen, wenn Ihnen jemand aus der Gruppe zur Seite steht. Feste Gruppentermine, Verabredungen mit den anderen und ihre Anregungen helfen Ihnen, solche Krisen zu überwinden. Es wird Ihnen Sicherheit und Vertrauen geben, wenn Sie wissen: „Falls ich allein nicht weiterkomme und Schwierigkeiten habe, dann ist jemand da, dann kann ich jemanden anrufen, mit dem ich alles durchsprechen kann, der mich versteht, der mir hilft."

◯ Wenn es Ihnen schwer wird, ganz allein die Kontrolle über ein Problemverhalten aufzubauen, können Sie Gruppenmitgliedern bestimmte Kontrollfunktionen anvertrauen.

Es gibt verschiedene Möglichkeiten, Menschen zu finden, mit denen Sie sich gemeinsam verändern können:

Wenn Sie Ihr Übergewicht reduzieren möchten, kann Ihnen die Zeitschrift „Brigitte" Anschriften von Diät-Clubs in Ihrer Nähe geben.

Wenn Sie Ihren Alkoholkonsum einschränken wollen, finden Sie im Telefonbuch die Anschriften der Anonymen Alkoholiker, des Guttemplerordens und anderer Selbsthilfe-Organisationen.

Wenn Sie eine „Selbständerungsgruppe" gründen wollen, können Sie versuchen, Freunde, Bekannte oder Kollegen dafür zu interessieren. Sie können auch eine Annonce in der Zeitung aufgeben, einen Zettel an das Schwarze Brett (für Mitteilungen) einer Erziehungs- oder Lebensberatungsstelle (Bezirksamt, Kirche) heften; die Adressen finden Sie im Telefonbuch.

Mit Ihrer Gruppe sollten Sie feste Termine (1mal wöchentlich) verabreden und dabei alle wichtigen Programmschritte gemeinsam durchsprechen.

**Arbeitsblatt 40   Ich suche Mitglieder für eine Selbständerungs-
gruppe**

Wichtige Telefonnummern, Kontakte, Adressen:

Überlegen Sie, wo Sie andere Menschen treffen können, die sich
gemeinsam mit Ihnen ändern wollen:

Entwerfen Sie eine Suchmeldung, Annonce:

> **Sich ändern lernen.**
> **Gruppenmitglieder für ein gemeinsames Selbstsicherheits-**
> **training gesucht! Zuschriften unter . . .**
>
> **Ich möchte versuchen, meine Probleme gemeinsam mit**
> **anderen zu bearbeiten. Ich möchte Kontaktschwierig-**
> **keiten überwinden und sicherer werden. Wenn Sie ein**
> **ähnliches Problem haben, es systematisch und gemeinsam**
> **mit anderen angehen wollen und ca. 3 Stunden pro Woche**
> **Zeit haben, dann erfahren Sie meine Adresse in Zi . . .**
> **bei . . .**

Wann Sie fachliche Hilfe suchen sollten

Es kann vorkommen, daß einige von Ihnen ein Problem in Angriff genommen haben, das Sie so stark belastet, daß Sie es allein oder auch gemeinsam mit einer Gruppe nicht lösen können. Manchmal ist man auch so stark in seine Schwierigkeiten verstrickt, daß man den Eindruck hat, nicht an das eigentliche Problem heranzukommen. Möglicherweise verunsichert es Sie auch, daß Sie die Bedeutung einer Veränderung für Ihre Lebenssituation schwer abschätzen können. Oder Sie haben bei der intensiven Beschäftigung mit Ihrem Problem festgestellt, daß es sehr vielschichtig ist, und sind dabei mutlos geworden, so daß Sie sich nicht zutrauen, es wirklich in Angriff zu nehmen und zu bewältigen. Sie sollten auf jeden Fall aufmerksam werden, wenn Sie den Eindruck haben, daß sich Ihre Situation verschlechtert.

Also ich schlafe seit einiger Zeit viel schlechter, und auch körperlich geht es mir nicht so gut wie vor dem Änderungsversuch. Das viele Nachdenken hat mich eher mutlos und müde gemacht. Es beängstigt mich, zu sehen, was alles mit meinem Problem zusammenhängt. Ich stelle mir zwar vor, daß so etwas ganz normal ist, wenn man so lange seine Augen vor seinem Problem verschlossen hat, aber irgendwie komme ich so nicht weiter.

Wenn es Sie beunruhigt, daß Sie Ihr Problem nicht vollständig analysieren können, wenn die Bearbeitung Sie mutlos macht und Sie keinen Weg sehen, Ihre Schwierigkeiten direkt anzugehen, wenn Sie sich schlechter fühlen als vor dem Änderungsversuch, dann sollten Sie fachliche Hilfe suchen. Sie können sich dazu an folgende Gesellschaften wenden, die Ihnen Adressen von Therapeuten oder Beratungsstellen in Ihrer Nähe geben:

Gesellschaft für wissenschaftliche Gesprächspsychotherapie e.V.
5 Köln 1
Werderstraße 20

Gesellschaft zur Förderung der Verhaltenstherapie
8 München 40
Kraepelinstraße 10

Fritz Perls Institut (Gestalttherapie)
8702 Würzburg-Oberdürrbach
Sandstraße 7

Deutsche Gesellschaft für Psychotherapie (Psychoanalyse)
1 Berlin 37
Am Schlachtensee

Diese Gesellschaften vertreten verschiedene therapeutische Richtungen. Einige ganz allgemeine

Unterschiede sind:

Bei der Gesprächspsychotherapie können Sie selbst bestimmen, welche Probleme und Schwierigkeiten Sie im therapeutischen Gespräch bearbeiten wollen und wie Sie dabei vorgehen möchten; das heißt, Sie strukturieren die Therapie. Bei einer Verhaltenstherapie, einer Psychoanalyse, einer Gestalttherapie bestimmt dagegen überwiegend der Therapeut, welche Probleme bearbeitet werden und wie dabei vorgegangen wird; das heißt, der Therapeut strukturiert die Therapie überwiegend.

Der Gesprächstherapeut hört Ihnen zu und versucht, Ihre Probleme aus Ihrer Sicht zu verstehen. Er gibt Ihnen die Möglichkeit, sich in einer angstfreien Atmosphäre über sich selbst, Ihre Wertvorstellungen, Ziele, Möglichkeiten und Schwierigkeiten klarer zu werden.

Der Verhaltenstherapeut arbeitet mit Ihnen in ähnlicher Weise, wie Sie es selbst mit diesem Programm versucht haben: Er analysiert Ihre Schwierigkeiten im Zusammenhang mit Verhaltensabläufen und Umweltsituationen, er legt gemeinsam mit Ihnen ein Therapieziel fest, stellt einen Plan auf, wie Sie sich diesem Ziel systematisch annähern können, und leitet Sie im Training dazu an.

Der Gestalttherapeut macht Ihnen bestimmte belastende Erfahrungen erlebnismäßig und ganzheitlich bewußt (körperlich-emotional-rational) und leitet Sie ebenfalls zu einem systematischen Verhaltenstraining an.

Der Psychoanalytiker deutet Ihre Einfälle, Erzählungen und Träume und macht Ihnen so Ihre Problematik und Persönlichkeitsstruktur bewußt.

◯Die Gesprächspsychotherapie eignet sich besonders bei existentiellen Krisen, vermindertem Selbstwertgefühl, Entscheidungsschwierigkeiten, bei Problemen, die eher allgemein und umfassend sind.

Sie ist vor allem günstig für Menschen, die eine partnerschaftliche therapeutische Unterstützung wünschen und eine Atmosphäre suchen, in der sie selbst und ihr Verhalten nicht bewertet werden.

◯Die Verhaltenstherapie ist eher angemessen, wenn es gelingt, die Schwierigkeiten genauer zu präzisieren oder auch bei stärkeren Ängsten, Zwängen, Verhaltensdefiziten.

◯Psychoanalyse und Gestalttherapie sind zu empfehlen, wenn Probleme und Konflikte aus der Vergangenheit nicht bewältigt wurden und belastend wirken, dem Klienten allein aber wenig zugänglich sind.

Alle Therapieformen können mit Einzelpersonen, aber auch mit Gruppen durchgeführt werden. Zur Zeit übernehmen noch nicht alle Krankenkassen die Behandlungskosten. Im allgemeinen sind die Kosten bei einer Beratungsstelle/Klinik niedriger als bei einem Therapeuten mit privater Praxis.

Kapitel 9

Die Durchführung Ihres Änderungsprogramms

Das Fortführen der genauen Beobachtung

In Arbeitsblatt 38 haben Sie Ihren endgültigen Änderungsplan zusammengestellt und dabei genau festgelegt, was Sie in den einzelnen Schritten üben wollen und wie Ihr Bekräftigungsplan aussieht. Ihr Programm ist also fertig, und Sie können endlich mit der systematischen Durchführung Ihres Trainings beginnen. Dabei kann es für Sie eine große Erleichterung sein, wenn Sie auch weiterhin Ihr Problemverhalten und/oder Ihr erwünschtes Verhalten systematisch beobachten und die Häufigkeiten in eine Graphik übertragen. Diese Graphik (Arbeitsblatt 41) sollten Sie so gestalten, daß Sie sie ohne Schwierigkeiten mit Ihrer ersten Graphik (Arbeitsblatt 14 → Seite 69) vergleichen können. Die systematische Beobachtung während der Durchführung Ihres Programms ist für Sie sehr wichtig, da Sie an Hand dieser Aufzeichnungen Ihr Vorgehen laufend überprüfen können und sofort sehr deutlich erkennen, ob Sie Ihr Verhalten tatsächlich verändern und ob Sie die für Ihr Problem richtigen Vorgehensweisen in Ihrem Änderungsprogramm auch wirklich berücksichtigt haben.

Meist können Sie schon in den Beobachtungsdaten während der Durchführung sehen, daß sich die Häufigkeiten des Verhaltens in der Richtung verändern, die Sie vorher als Ziel angegeben und festgelegt haben. Sie können aus diesen Aufzeichnungen schließen, ob Ihr Vorgehen für Sie persönlich angemessen ist — je nachdem, ob sich Ihr Verhalten langsam in Richtung auf Ihr Ziel verändert oder ob Sie keinerlei Veränderung feststellen, so daß Sie Ihr Änderungsprogramm umstellen sollten.

Neben einer aus der Graphik ablesbaren Veränderung in Ihrem Verhalten gibt es einen weiteren Hinweis, daß Sie die Stufen oder Schritte genauso durchführen können, wie Sie es geplant haben: Sie empfinden die Durchführung Ihres Änderungsprogramms nicht als unangenehm und lästig. Es macht Ihnen vielleicht sogar Spaß, weil Sie bei der Beobachtung Veränderungen in Ihrem Verhalten sehen oder aber das Gefühl haben, voranzukommen. Wenn diese Punkte auf Sie zutreffen, dann können Sie ganz beruhigt und sicher sein, daß Sie die für Sie günstigen Vorgehensweisen in Ihrem Änderungsprogramm berücksichtigt haben, und mit Ihrem Training fortfahren. Oft ist es aber auch so, daß man einfach erst ausprobieren muß, was am besten klappt, weil man das beste Vorgehen für sein eigenes Problem nicht immer ganz genau voraussagen kann. Das ist aber ganz natürlich und geschieht auch in den meisten Verhaltenstherapien. Ebenso kann es Ihnen passieren, daß sich die Hierarchie der Schwierigkeiten, die Sie aufgestellt haben, völlig verschiebt. Sie erleben zum Beispiel, daß die ersten Übungen in der Realsituation doch viel schwerer sind, als Sie sich das vorgestellt haben. Sie müssen also noch Zwischenschritte einfügen. Es kann aber auch sein, daß Ihnen — nachdem Sie einige Übungen sehr erfolgreich geschafft haben — die nächsten Schritte viel leichter fallen, als Sie angenommen hatten. Wenn Sie bei Ihrer Beobachtung keine wesentlichen Veränderungen feststellen können oder wenn Sie mit der Durchführung ein ganzes Stück hinter Ihrem Plan herhinken, alles ziemlich schleppend verläuft und Sie überhaupt nicht das schaffen, was Sie sich vorgenommen haben — wenn also das ganze Training ziemlich mühsam für Sie ist, so brauchen Sie nicht den Mut zu verlieren. Lesen Sie die nächsten Abschnitte.

Wie sich Ziele verändern können

Oft stellt man während der Durchführung seines Änderungsprogramms plötzlich fest, daß sich das Ziel, das man sich vorher gesetzt hat, verändert. Ziele verändern sich, weil man zum Beispiel merkt, daß man zuviel von sich verlangt hat, oder weil man sich durch den Erfolg ermutigt fühlt, noch mehr zu schaffen, das Ziel zu erweitern. Oder aber man erkennt, daß man das Problem gar nicht so allein bearbeiten kann, weil andere Personen unmittelbar mitbetroffen sind, so daß man das Problem nur mit ihnen gemeinsam lösen kann. Man kann auch plötzlich erkennen, daß man das Problem nur mit ihwoanders liegt; das Problem hat sich verlagert, oder Sie haben durch die intensive Beschäftigung mit Ihrem eigenen Verhalten neue, wichtige Zusammenhänge erkannt.

Mein Ziel war es, nicht mehr soviel zu trinken, wenn ich mit anderen zusammen bin, auf Parties, in der Kneipe und zu Hause. Während der Beobachtung stellte ich fest, daß das gar nicht mein eigentliches Problem ist. Für mich wäre es viel wichtiger, mehr Selbstsicherheit zu haben. Nur mein Trinkverhalten zu ändern wäre unsinnig, weil ich dann noch weniger Kontakt haben würde als bisher, denn nur wenn ich trinke, habe ich den Mut, anderen Menschen zu widersprechen und mich selbst durchzusetzen. Die Situationen, in denen ich trinke, sind eigentlich sehr verschieden; aber gemeinsam ist ihnen immer, daß ich mich allein oder irgendwie enttäuscht und mutlos fühle. Weil ich jetzt mich selbst und mein Verhalten sehr lange und genau beobachtet habe, glaube ich zu wissen, daß diese deprimierte Stimmung mit meiner mangelnden Selbstsicherheit im Umgang mit anderen Menschen zusammenhängt. Daher nehme ich an, daß das Trinken für mich nicht mehr so problematisch sein wird, wenn ich mich in den Situationen anders verhalten kann, das heißt, ich werde dann von selbst nicht mehr soviel trinken. Ich werde also meinen Plan ändern und als neues Ziel ,Mehr Selbstsicherheit, wenn ich mit anderen zusammen bin' anstreben. Ich beschreibe mein neues Problemverhalten genau, beobachte es noch einmal kurze Zeit, und erst dann stelle ich meinen Änderungsplan endgültig zusammen.))

))Ich komme überhaupt nicht weiter. Erst während der Beobachtung habe ich festgestellt, daß ich mein Problem gar nicht allein lösen kann. Denn es geht bei mir darum, daß ich sehr oft Streit mit meiner Frau habe. Ich hatte erst gedacht, daß es ausreichen würde, wenn ich selbst mein Verhalten verändern würde. Aber das eigentliche Problem kann damit nicht gelöst werden. Ich habe sehr lange mit meiner Frau dar-

über gesprochen, und jetzt wollen wir beide gemeinsam das Problem analysieren und beobachten, und anschließend wollen wir zusammen einen Änderungsplan aufstellen und durchführen.))

))Ich will lernen, meinen Chefs gegenüber selbstsicherer aufzutreten und meine Meinung zu sagen, wenn mir etwas nicht paßt. Ich bin jetzt noch mitten in der Durchführung meines Änderungsprogramms. Es macht mir richtigen Spaß, und ich bin sehr zufrieden mit mir, denn ich schaffe es jetzt schon viel besser als früher, und meinen Chefs scheint es sogar zu gefallen. Aber mir ist aufgefallen, daß es meinen Kollegen genauso geht wie mir selbst, bevor ich mit meinem Training begonnen habe. Ich finde es deshalb nötig, daß wir alle zusammen versuchen, etwas dagegen zu unternehmen. Ich will jetzt versuchen, meine Kollegen dazu zu bringen, gemeinsam etwas auf die Beine zu stellen, zusammen ein Änderungsprogramm durchzuführen.))

))Ich leide unter Arbeitsstörungen, kann mich am Schreibtisch nicht konzentrieren. Durchschnittlich arbeite ich nur $1/4$ Stunde pro Tag. Mein Ziel ist es, 6 Stunden pro Tag zu arbeiten. In der ersten Stufe meines Änderungsplans wollte ich sofort 1 Stunde arbeiten, und das eine Woche lang, und dann jeweils eine Stunde mehr pro Woche. Aber schon die erste Stufe war *für mich viel zu schwer, ich hatte mir zuviel zugemutet und konnte es gar nicht schaffen. Ich hatte mein Ziel auch viel zu hoch geschraubt. Durch den Mißerfolg bin ich jetzt dazu gekommen, das Ganze viel langsamer angehen zu lassen, kleinere Schritte zu machen und auch mein Ziel zu verändern, das heißt, auf ‚3 Stunden konzentrierte Arbeit' zu reduzieren. Habe ich das erst mal geschafft, kann ich immer noch weitermachen.* ◯◯

Daß Ziele sich ziemlich oft verändern, ist ganz natürlich, denn oft werden die Zusammenhänge erst allmählich durch den Veränderungsprozeß selbst erkennbar. Und wenn Ihr persönliches Ziel sich verändert oder verlagert hat, dann werden Sie sich sicherlich überlegen, ob Sie an dem alten Problem mit dem vorher definierten Ziel weiterarbeiten wollen oder ob Ihnen das neue Ziel, das Sie erst jetzt herausgearbeitet haben, nicht doch wichtiger ist und Sie lieber daran arbeiten möchten. Wenn Sie sich hierzu entscheiden, dann sollten Sie Ihr neues Ziel, Ihren veränderten Plan, in Arbeitsblatt 42 eintragen.

Schwierigkeiten bei der Durchführung und was Sie dagegen tun können

Lassen Sie sich nicht entmutigen, wenn Sie im Verlauf Ihres Änderungsprogramms plötzlich auf Schwierigkeiten stoßen. Versuchen Sie herauszufinden, woran es liegt, daß Sie nicht so vorankommen, wie Sie es sich vorgestellt und wie Sie es geplant haben. Es kann daran liegen, daß Sie noch nicht genug Bescheid wußten, Ihnen die Zusammenhänge noch nicht klar waren und Sie deshalb die verschiedenen Arbeitsblätter noch nicht ganz angemessen für Ihr Problem bearbeitet haben.

Wir möchten Sie hier mit den wichtigsten Gründen vertraut machen, warum Änderungsprogramme keinen Erfolg haben, welche Fehler bei der Durchführung auftreten können. Damit Sie Ihre eigenen Fehler schneller erkennen und beheben können, gehen Sie am besten die folgenden Punkte der Reihe nach durch und überlegen an Hand der betreffenden Arbeitsblätter, was für Sie davon zutrifft.

① Sie können an Ihrem Verhalten keine Veränderung feststellen, weil Ihre Aufzeichnungen zu ungenau sind:

Das kann daran liegen, daß Sie Ihr Aufzeichnungsschema nicht griffbereit und ständig zur Verfügung hatten, wenn Ihr Problemverhalten und/oder Ihr erwünschtes Verhalten auftraten. Es kann aber auch daran liegen, daß Sie Ihr Problemverhalten und/oder Ihr erwünschtes Verhalten, die Grundlage für Ihre systematische Verhaltensbeobachtung, noch zu ungenau beschrieben haben. Oder aber Sie haben das Gefühl, daß sich Ihre Wahrnehmung verändert hat. Sie können schlecht entscheiden, ob ein Ereignis nun für Sie ein Signalreiz war oder nicht; es fällt Ihnen schwer festzustellen, ob das Verhalten, das Sie gezeigt haben, auch wirklich den von Ihnen selbst festgelegten Kriterien Ihres erwünschten Verhaltens entspricht. Das ist ein Problem, das in Änderungsprogrammen häufiger auftritt. Sie können es lösen, indem Sie auf Grund dieser veränderten Situation Ihre Kriterien noch einmal überprüfen und dann so festsetzen, daß Ihr Problemverhalten und/oder Ihr erwünschtes Verhalten auch wirklich beobachtbar ist. Denn oft stellt man erst in der praktischen Anwendung fest, daß man die Signalreize, das Problemverhalten oder das erwünschte Verhalten nicht klar genug definiert hat.

②Sie haben die Bedeutung der Bekräftigungen unterschätzt: Wie wichtig sie für das Änderungsprogramm sind, erkennt man oft erst dann, wenn es nicht so recht klappt. Es kann sein, daß die Bekräftiger, die Sie ausgesucht haben (Arbeitsblatt 18 → Seite 84), nicht wirken. Vielleicht haben Sie auch zu sehr auf Ihren Willen gebaut, sich zu verändern,

und deshalb Ihre Bekräftiger nicht klar genug festgelegt. Oder aber Sie glauben, daß es schon als Belohnung ausreicht, wenn Sie später das erwünschte Verhalten zeigen oder das unerwünschte Verhalten unterlassen.

Haben Sie genau festgelegt, unter welchen Bedingungen Sie eine Belohnung bekommen? Haben Sie das Erlangen der Bekräftigungen von der Ausführung bestimmter Verhaltensweisen abhängig gemacht?

Sind die Bekräftiger, die Sie sich geben, eventuell zu schwach? Dann könnten Sie Bekräftiger von eher größerer Wirksamkeit oder mehrere Bekräftiger von eher kleiner Wirksamkeit einsetzen.

Möglicherweise haben Sie sich auch zu viele Symbole ausgeteilt, so daß Sie die Bekräftiger gar nicht eintauschen können, weil Sie nicht soviel Geld oder Zeit haben. In diesem Fall überlegen Sie am besten noch einmal, ob Ihre Bekräftigungen auch wirklich angemessen und nicht zu groß sind.

③Sie beschummeln sich: Sie geben sich beispielsweise die Belohnung, ohne die von Ihnen festgelegten Bedingungen einzuhalten, oder Sie geben sich die Belohnung nicht sofort, nachdem Sie das erwünschte Verhalten gezeigt haben. Das heißt, Sie halten sich nicht an den Vertrag mit sich selbst. Wir raten Ihnen, sich die Bekräftigungen sofort (direkt oder als Symbol) zu geben, wenn

Sie das erwünschte Verhalten gezeigt, die festgelegten Bedingungen erfüllt haben; sich insgesamt mehr Zeit für Ihr Programm zu nehmen; Ihre Veränderungsschritte zu verkleinern, weil Sie sich vielleicht überfordern.

④ Sie verharren auf einem „Lernplateau":

Es ist auch möglich, daß Sie mit Ihrem Änderungsprogramm sehr gut vorangekommen sind, aber plötzlich steckenbleiben und keine weitere Verhaltensänderung mehr an sich feststellen können, obwohl Sie Ihr Ziel noch nicht erreicht haben. Das passiert sehr oft, wenn man ein Verhalten neu lernt. Sie sind jetzt vielleicht an einem Punkt angelangt, an dem Sie zwar weiterhin ein neues Verhalten lernen, aber in der augenblicklichen Phase keine Veränderung erkennen können. Beim Morsenlernen zum Beispiel lernt man zuerst sehr schnell, aber dann gibt es einen bestimmten Punkt, an dem die Schnelligkeit des Morsens einige Zeit gleichbleibt, bis sie dann plötzlich stark ansteigt.

Wenn Sie meinen, daß Sie selbst auf einem solchen „Lernplateau" sind, dann raten wir Ihnen, Ihre Veränderungsschritte zu verkleinern. Sie sollten langsamer vorgehen, nicht so hohe Anforderungen an sich selbst stellen. Oder Sie vereinfachen Ihren Plan, indem Sie weniger Bedingungen festsetzen, unter denen Sie ein bestimmtes Verhalten zeigen müssen. Oder Sie hören vielleicht

auf, wenn Sie zufrieden sind mit der bisher erreichten Veränderung, obwohl Sie Ihr Ziel noch nicht ganz erreicht haben.

⑤ Die Arbeit des Veränderns wird Ihnen zuviel:

Gegen Ende Ihres Programms kann es Ihnen, trotz der eingebauten Erleichterungen, passieren, daß Sie der ganzen Sache überdrüssig werden. Sie haben vielleicht schon Erfolge erlebt, aber die viele Arbeit erschwert Ihnen das Durchhalten. Der anfängliche Schwung ist verpufft. Wenn Sie trotzdem Ihr Programm zu Ende führen wollen, sollten Sie sich einen starken Anreiz dafür verschaffen.

Schwierigkeiten treten fast bei jedem Änderungsversuch, auch bei Therapien, auf. Man sollte sich dadurch nicht entmutigen lassen, weil es Möglichkeiten gibt, sie zu beheben. Stellen Sie bei auftauchenden Schwierigkeiten Ihr Programm so um, daß die Durchführung möglichst leicht für Sie wird und Sie sich nicht überfordern.

„Immer diese komischen kleinen Schritte und diese blöden Belohnungen!"

Weißt du, ich finde es einfach ziemlich blöde, mir immer diese kleinen Belohnungen zu geben, wenn ich diese einfachen kleinen Schritte in meinem Plan einhalte ...

Das geht mir genauso. Ich denke, daß es eigentlich reichen muß, Belohnung genug ist, wenn das Problem endlich weg ist.

Genau! Diese Belohnung, und immer sofort und ganz systematisch, ist doch albern. Kann einem das ganze Vorgehen verleiden. Weißt du, mein Problem ist, daß ich bei Autoritäten nichts sagen mag; das nervt mich so, daß ich glaube, schon die Aussicht darauf, daß es weg ist, hält mich bei der Stange!

Das glaube ich auch, ist doch irgendwie eine Sache des Willens. Diese genau ausgerechneten Belohnungen sind irgendwie entwürdigend. Das erinnert mich daran, wie ich meinem Hund das Stockzurückbringen beigebracht habe. Wenn er es richtig gemacht hat, bekam er immer sofort ein Stück Wurst.

Na, wir würden uns die Belohnungen jedenfalls noch selbst zuteilen, aber trotzdem ... aber sag mal, wie läuft es denn bei dir?

Also ich kontrolliere alles ganz genau, es macht mir auch Spaß: Aber ehrlich, so etwas ändert sich nicht von heute auf morgen.

Mein Plan ist ganz gut, aber eine Wirkung hat er nicht so recht. Ich mach die Aufgaben eben nicht immer, das ist mein Problem.

Ganz genau wie bei mir. Was meinst du, ob die Aussicht auf das neue Verhalten vielleicht doch nicht so ganz ausreicht?

Das ist schon möglich, aber ich glaube, bei mir liegt es mit daran, daß ich mir einfach zuviel vorgenommen habe. Ich will mein Problem so schnell wie möglich loswerden.

Das gleiche Problem hatte ich auch. Ich wollte mein Eßverhalten ganz schnell in den Griff bekommen und habe mir dann viel zu viele Aufgaben pro Stufe gestellt, weil ich diese blöden kleinen Schritte so entwürdigend für mich fand.

Komisch, ich habe mich gegen diese dauernden Ermahnungen, in kleinen Schritten vorzugehen und sich bloß nicht zu überfordern, auch sehr gesträubt, weil ich es einfach banal finde, und ich glaube, daß ich viel mehr schaffen kann . . .

Aber weißt du, die Erfahrung, die ich jetzt mit meinem Plan gemacht habe — es klappt nicht, weil ich das alles gar nicht schaffen kann, ich fühle mich überfordert —, überzeugt mich langsam doch, daß es wirklich sehr wichtig ist, sich nicht zu überfordern und sich in kleinen Schritten langsam dem Ziel zu nähern.

Ja, ich habe es bei mir selbst ja auch gemerkt, mein Plan funktioniert ja auch nicht so, wie ich mir vorgestellt habe. Einleuchtend ist das schon, vor allem, wenn man persönlich erfahren hat, daß man sonst Schiffbruch erleiden kann. Aber manchmal, da wünsch ich mir doch so die richtigen Siebenmeilenstiefel!

Arbeitsblatt 41   Graphik meines Verhaltens während der Durchführung des Änderungsprogramms

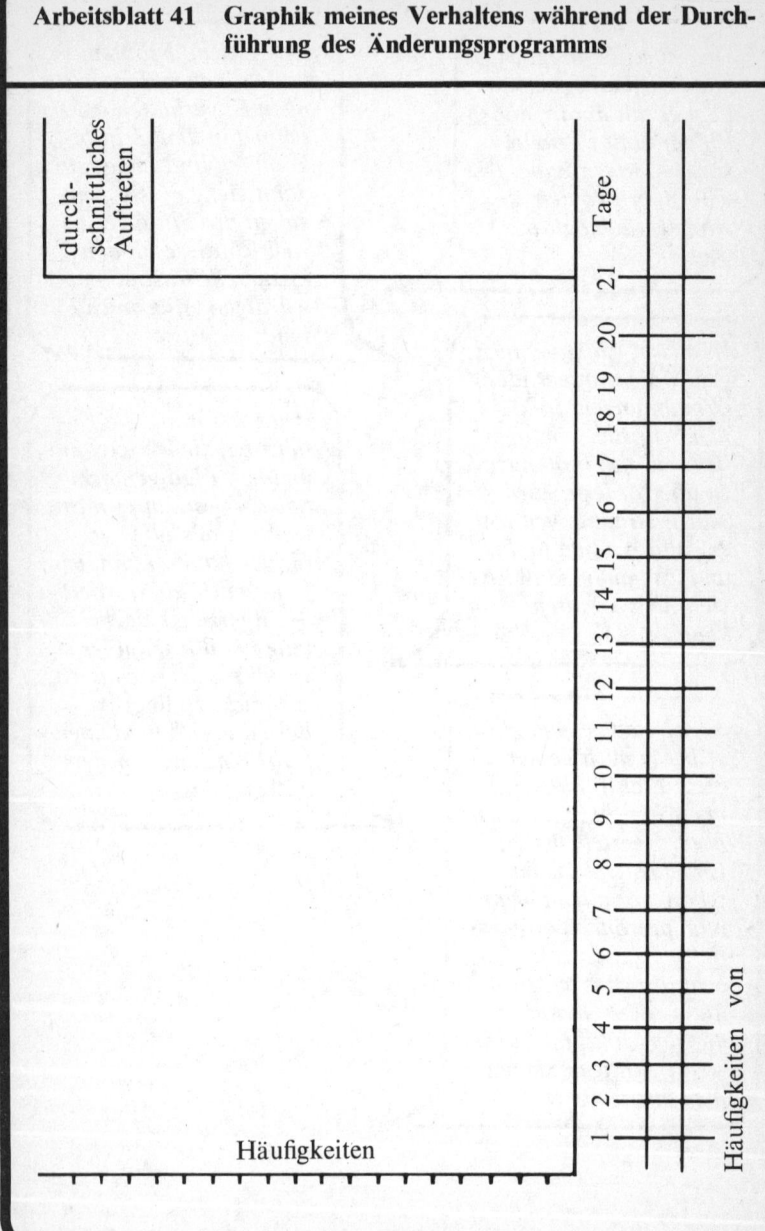

durch-
schnittliches
Auftreten

Tage

21 20 19 18 17 16 15 14 13 12 11 10 9 8 7 6 5 4 3 2 1

Häufigkeiten

Häufigkeiten von

158

Arbeitsblatt 42   Was ich an meinem Programm noch verändern will

(A) Mein Zielverhalten, das ich anstreben will:

(B) Die Signalreize, nach denen ich mein erwünschtes Verhalten zeigen will:

(C) Die einzelnen Stufen, in denen ich vorgehen will:

(D) Mein Bekräftigungsplan:

Kapitel 10
Die Beendigung Ihres Änderungsprogramms

Wenn Sie daran denken, Ihre systematische Veränderung bald zu beenden, weil Sie die Schritte Ihres Programms schon alle geübt haben und sich Ihrem Ziel nähern, dann sollten Sie vorher noch einige Überlegungen anstellen, wie Sie Ihren Erfolg absichern, Ihre Veränderung stabil machen können. Dieses Kapitel gibt Ihnen Anregungen, was Sie tun können, damit Ihr neugelerntes Verhalten ganz selbstverständlich für Sie wird, und wie Sie Ihr Verhalten auch noch auf andere Situationen ausweiten können. Sie finden ferner Bedingungen aufgeführt, die es Ihnen erleichtern, Ihr Verhalten auch später aufrechtzuerhalten. Sie erfahren schließlich, wie Sie überprüfen können, was sich für Sie alles verändert hat und was Sie gelernt haben.

Wie Ihr neues Verhalten langsam selbstverständlich für Sie wird

Sie haben ein neues Verhalten gelernt, weil Sie sich systematisch jedesmal, wenn Sie es zeigten, dafür belohnten. Versuchen Sie, sich jetzt einmal vorzustellen, was geschieht, wenn Sie plötzlich für Ihr neugelerntes Verhalten keine Belohnungen mehr bekommen. Wahrscheinlich werden Sie zunächst Ihr Verhalten genauso häufig zeigen wie in der Zeit, als Sie sich systematisch jedesmal dafür belohnten; bald aber wird es immer seltener werden und schließlich nur noch so oft auftreten wie in der Zeit vor Ihrer Veränderung. Sie können dies am besten verhindern, indem Sie Ihre Bekräftigungen nicht abrupt absetzen, wenn Sie Ihr Änderungsprogramm beenden wollen, sondern sich langsam darauf vorbereiten, Ihr neugelerntes Verhalten auch ohne systematische Bekräftigung aufrechtzuerhalten. Wenn Sie in der letzten Phase Ihres Programms Ihre Bekräftiger langsam und vorsichtig ausblenden, können Sie sich allmählich davon unabhängig machen.

Am besten beginnen Sie zunächst damit, Ihr neugelerntes Verhalten nur noch jedes 2. Mal, nachdem Sie es gezeigt haben, zu bekräftigen. Wenn Sie dann sehen, daß Ihr Verhalten genauso häufig auftritt wie in der Zeit, als Sie sich jedesmal eine Belohnung gaben, können Sie dazu übergehen, sich nur noch jedes 4. oder 5. Mal zu bekräftigen. In den späteren Stufen Ihres Ausblendens bekommen Sie dann beispielsweise nur noch jedes 10. oder 25. Mal eine Bekräftigung. Wenn Ihr Verhalten dann durch die Reaktion Ihrer Umwelt oder durch ein gutes Selbstgefühl aufrechterhalten wird, ist es langsam selbstverständlich für Sie und gehört schließlich zum alltäglichen Leben.

Sie haben natürlich auch die Möglichkeit, Ihre Bekräftigungen nicht so systematisch auszublenden, sondern es eher dem Zufall zu überlassen. Aber dieses Vorgehen — sich nur vorzunehmen, die Bekräftigungen weniger werden zu lassen — ist schwierig durchzuhalten, weil man sich vielleicht selbst beschummelt oder dazu neigt, die Bekräftigungen zu schnell auszublenden. Deshalb raten wir Ihnen, in Arbeitsblatt 43 möglichst genau festzulegen, wie Sie sich von Ihren systematischen Bekräftigungen wieder unabhängig machen wollen. Um zu überprüfen, ob Ihr Vorgehen richtig ist, empfiehlt es sich, die Häufigkeit Ihres Verhaltens wie bei der Durchführung Ihres Programms weiterhin aufzuzeichnen.

◯ Wenn sich in der Verhaltenshäufigkeit keine Veränderung ergibt, so wissen Sie, daß Sie angemessen vorgehen, und können Ihre Bekräftiger langsam weiter ausblenden.

◯ Stellen Sie jedoch fest, daß Ihr neugelerntes Verhalten in dieser Phase abnimmt, so sollte Sie das nicht beunruhigen. Manche Probleme lassen sich schnell verändern; bei anderen dauert es etwas länger, bis sie endgültig beseitigt sind. Sie sollten dann zunächst wieder häufiger bekräftigen und erst zu einem späteren Zeitpunkt mit dem Absetzen der Bekräftiger erneut anfangen.

Ich habe ja praktisch 20 Jahre lang ein falsches Eßverhalten gezeigt, und ich esse furchtbar gern. Deshalb muß ich wohl mein Programm noch einige Zeit lang konsequent durchführen und kann erst später die systematischen Bekräftiger absetzen, damit mein neues, kontrolliertes Eßverhalten auch wirklich stabil wird. Eigentlich ist es verständlich, daß es bei mir eben etwas länger dauern wird. Das stört mich auch nicht, denn ich stelle fest, daß es mir nicht mehr so schwerfällt, den Versuchungen zu widerstehen.

Eine weitere Möglichkeit, Ihr neugelerntes Verhalten zu verfestigen, kann darin bestehen, daß Sie einzelne Schritte Ihres Programms, die Ihnen beim Üben schwergefallen sind und bei denen Sie sich noch etwas unsicher fühlen, vor der Phase des Ausblendens wiederholen.

Legen Sie fest, in welchen Stufen Sie Ihre Bekräftigungen langsam
ausblenden wollen: ob und wie Sie in der ersten Stufe jedes 2., 3.
oder 4. Mal bekräftigen wollen, nachdem Sie Ihr neugelerntes Verhalten gezeigt haben, in der zweiten Stufe jedes 5. oder 10. Mal und
in den weiteren Stufen immer seltener, bis Sie zum Schluß nur noch
jedes 20. oder 30. Mal eine Bekräftigung bekommen.
Wichtig dabei ist: Sie sollten die Bekräftiger lieber zu langsam als
zu schnell ausblenden!

Wie oft muß ich mein neugelerntes Verhalten zeigen,
um folgende Bekräftigungen zu bekommen:

1. Stufe

2. Stufe

3. Stufe

4. Stufe

5. Stufe

Wie Sie Ihr neues Verhalten noch häufiger zeigen können

Bevor Sie damit beginnen, sich von Ihren Bekräftigungen unabhängig zu machen, möchten wir Sie noch auf eine Möglichkeit hinweisen, die für den Erfolg Ihrer Veränderung ebenfalls wichtig sein kann.

Vielleicht haben Sie die Erfahrung gemacht, daß Sie Ihr neugelerntes Verhalten auch nach anderen Signalreizen zeigen könnten, die Sie bisher noch nicht berücksichtigt haben. Oder Sie haben sich zu Beginn Ihres Programms auf eine Veränderung Ihres Verhaltens nach wenigen wichtigen Signalreizen beschränkt, um sich zunächst nicht zu überfordern, und wollen jetzt auch Ihr neugelerntes Verhalten auf andere Situationen übertragen.

Ich habe gelernt, bei dem Signalreiz ‚Ich rede mit Autoritäten' ein selbstsicheres Verhalten zu zeigen. Während der Durchführung meines Programms ist mir aufgefallen, daß ich mich nach den Signalreizen ‚Ich fühle mich kritisiert oder angegriffen' eigentlich genauso verhalte wie früher gegenüber Autoritäten. Jetzt überlege ich, ob ich diese Signalreize nicht auch noch in mein Programm einbeziehen sollte.

Ein solches Vorgehen hat folgende Vorteile:

Sie werden dadurch in der Ausführung Ihres neugelernten Verhaltens viel sicherer.

Je öfter Sie ein erwünschtes Verhalten zeigen, desto wahrscheinlicher wird es sein, daß Sie dafür bekräftigt werden und so Ihr neues Verhalten aufrechterhalten können.

Bevor Sie dieses Vorgehen in Ihr Programm einbeziehen, sollten Sie überlegen, ob Ihr neugelerntes Verhalten nach diesen weiteren Signalreizen auch wirklich angemessen ist. Wenn man zum Beispiel gelernt hat, sich in einigen Situationen durchzusetzen, so ist es nicht unbedingt erstrebenswert, sich um jeden Preis und auf Kosten anderer durchzusetzen. Oder wenn ein neugelerntes Verhalten von der Umwelt in bestimmten Situationen abgelehnt wird, ist es kaum über längere Zeit aufrechtzuerhalten.

Wir raten Ihnen, die zusätzlichen Signalreize, die Sie noch berücksichtigen wollen, genau festzulegen (in einem Arbeitsblatt, das Sie selbst entwerfen). Sie üben danach Ihr Verhalten wie bei Ihrem bisherigen Programm: In kleinen Schritten zeigen Sie Ihr neugelerntes Verhalten bei immer mehr Signalreizen und belohnen sich dafür angemessen.

Wie Sie Ihr neues Verhalten auch später aufrechterhalten können

Um Ihr neugelerntes Verhalten aufrechterhalten zu können, sollten Sie zunächst in Ihrer abschließenden Verhaltensbeobachtung auch gleichzeitig mitbeobachten, welche natürlichen Konsequenzen Ihr Verhalten jetzt für Sie hat, ohne daß Sie sich systematisch dafür belohnen.

①Ihr neues Verhalten ist in sich selbst bekräftigend; es ist für Sie angenehm und selbstverständlich geworden.

◯◯*Ich lese jetzt jeden Tag eine Stunde in einem Fachbuch. Diese Stunde ist für mich zum selbstverständlichen Alltag geworden. Und ich bin sehr zufrieden, weil ich dadurch in meiner Ausbildung weiterkomme.*◯◯

②Sie sind dazu übergegangen, sich häufiger selbst zu loben.

◯◯*Wenn ich es schaffe, von mir aus auf andere zuzugehen, so passiert es mir immer wieder, daß ich mir selbst dann innerlich auf die Schulter klopfe.*◯◯

③Ihre Umwelt übernimmt die Bekräftigung Ihres Verhaltens.

◯◯*Ich habe gelernt, meine Kinder nicht immer nur auszuschimpfen, sondern sie auch öfters zu loben. Dadurch hat sich die Atmosphäre in unserer Familie sehr verbessert. Und weil die Kinder mir jetzt zum Beispiel viel lieber im Haushalt helfen und ich dadurch mehr freie Zeit habe, finde ich auch mehr Gründe zum Loben.*◯◯

④Die Signalreize, die Ihrem neugelernten Verhalten vorausgehen, steuern jetzt Ihr Verhalten und weisen auf spätere Belohnung hin.

◯◯*Der Anblick von Knabberzeug war früher für mich ein Signal, gedankenlos zu knabbern. Jetzt sage ich mir ‚Halt!‘, schiebe das Zeug weit weg und esse lieber Obst oder Salat. Am Abend freue ich mich dann, wenn ich mich wiege.*◯◯

Wenn Sie an Ihren Beobachtungsdaten feststellen, daß Ihr Verhalten natürliche angenehme Konsequenzen hat, dann werden Sie Ihr neues Verhalten auch über längere Zeit oder immer aufrechterhalten können.

Wenn Sie dagegen feststellen, daß Sie überhaupt nicht oder kaum bekräftigt werden, so sollten Sie damit rechnen, daß Sie irgendwann wieder ein Änderungsprogramm durchführen müssen. Oder Sie überlegen sich eine Möglichkeit, wie Sie sich selbst für das Verhalten bekräftigen können.

Auf keinen Fall sollte Ihr neues Verhalten von Ihrer Umwelt bestraft werden, denn dann können Sie es auf die Dauer nicht aufrechterhalten. Es sei denn, Sie bekräftigen sich selbst in hohem Ausmaß dafür.

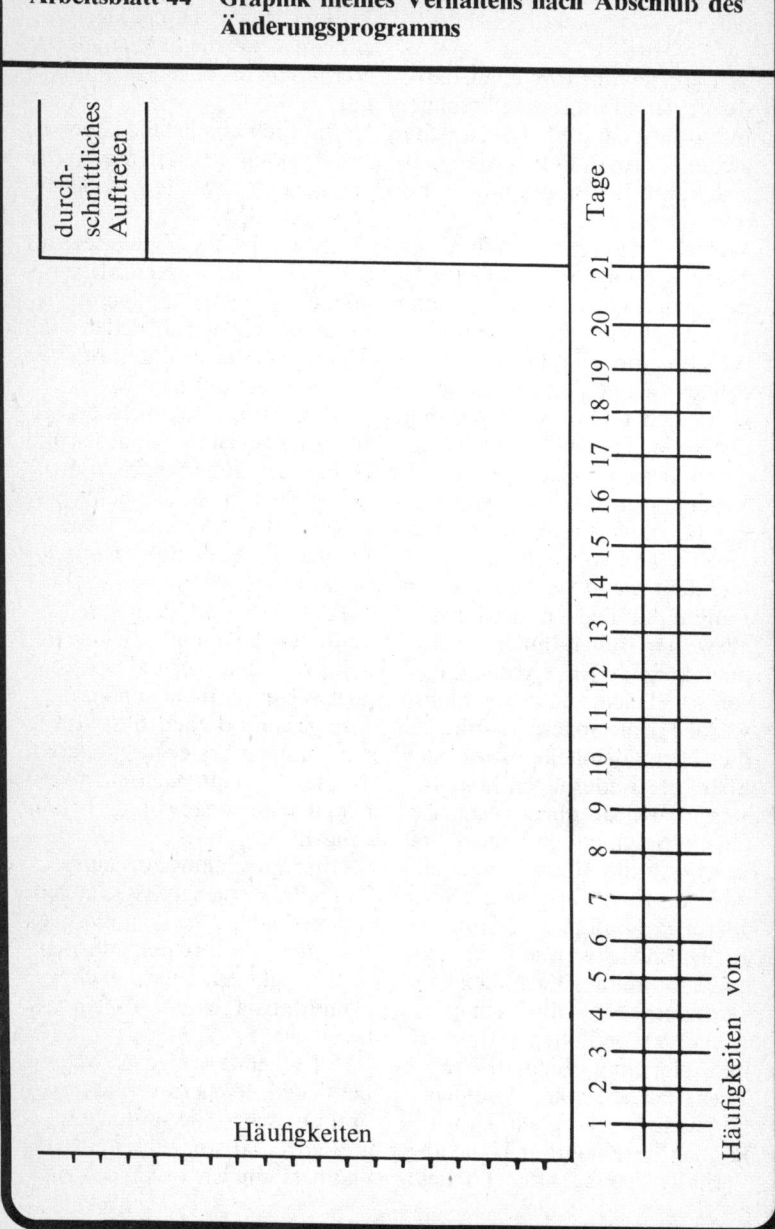

Was sich für Sie alles verändert hat

Wir können uns vorstellen, daß dieser Abschnitt für Sie besonders interessant ist, weil er Sie anleitet, genau herauszufinden, wie Sie sich durch Ihr Programm verändert haben.

Welche Erfahrungen andere Menschen mit Ihrem Änderungsprogramm gemacht haben, konnten Sie schon in der Einleitung oder im Anhang erfahren. Jetzt geht es darum, daß Sie einmal Ihre eigenen Erfahrungen durchdenken und versuchen, sich einen Überblick zu verschaffen über die Veränderungen, die Sie selbst erlebt haben. Sie können dies leichter an Hand von Arbeitsblatt 45 tun, denn wenn Sie die einzelnen Punkte durchgehen und kurz beantworten, fallen Ihnen sicher auch kleinere Erfolge ein, die Sie sonst vielleicht nicht beachten würden. Eine andere Möglichkeit, die Ihnen auch helfen kann, sich über Ihre Änderungen klarzuwerden und sie einzuordnen, ist ein Gespräch mit anderen — mit Ihrer Familie, Ihren Freunden oder mit Ihrer Gruppe, die Sie bei Ihrem Programm unterstützt hat. Ihr Hauptziel war zunächst, ein ganz bestimmtes Verhalten zu verändern: Sie wollten ein erwünschtes Verhalten aufbauen und/oder ein problematisches Verhalten besser kontrollieren. Ob Sie Ihr Ziel erreicht haben, können Sie sehr gut an Hand Ihrer Verhaltensbeobachtung (Arbeitsblatt 14, 41, 44 → Seite 69, 158, 165) feststellen, indem Sie auszählen, in welchem Ausmaß Ihr Verhalten ab- oder zugenommen hat.

Vermutlich können Sie neben diesen direkten Verhaltensänderungen auch noch weitere Änderungen feststellen:

◯ Ihr natürliches Belohnungssystem hat sich verändert: Sie gönnen sich jetzt häufiger etwas, wenn Sie mit sich zufrieden sind. Sie akzeptieren sich und Ihr Verhalten insgesamt mehr.

◯ Ihre Aufmerksamkeit und Ihr Interesse gegenüber anderen und Ihre Beurteilung von persönlichen Problemen und Schwierigkeiten hat sich verändert: Sie können die Bedeutung menschlicher Probleme eher ermessen.

◯ Dadurch, daß Sie sich selbst verändert haben, hat sich auch das Verhalten von anderen Ihnen gegenüber verändert und damit Ihre gesamte Lebenssituation: Sie kommen besser mit anderen aus, lernen mehr Menschen kennen, machen ungewohnte Erfahrungen.

◯ Ihre Einstellung zu sich, zu Ihren Problemen und Zielen hat sich verändert: Sie können eher erkennen, wo Ihre persönlichen Schwierigkeiten liegen, nach welchen Maßstäben und Zielen Sie leben.

◯ Sie sehen Ihre eigenen Möglichkeiten, etwas zu verändern, optimistischer. Sie spüren ein größeres Maß an Selbststeuerung und persönlicher Freiheit.

○ Sie sind insgesamt sicherer geworden. Sie akzeptieren sich selbst mehr, sind zufriedener mit sich, und Ihre Ansprüche an sich sind realistischer geworden.

○ Sie sind insgesamt mehr „in Kontakt mit sich selbst". Sie spüren Ihre Wünsche und Bedürfnisse deutlicher, und es gelingt Ihnen häufiger, sie spontan zu realisieren.

Wenn Sie feststellen, daß sich für Sie eher wenig verändert hat (Ihr Problem war zu komplex und schwierig, oder Sie hatten keine Gruppe, die Sie unterstützte, oder Sie empfanden dieses Programm nicht als angemessen und fühlten sich nicht angesprochen, mit ihm zu arbeiten), so hat Ihnen das Programm vielleicht doch einige Hinweise und Anregungen gegeben. Vielleicht sind Sie sich zum Beispiel klar darüber geworden, daß Sie fachliche Hilfe brauchen, und können jetzt besser abschätzen, was Sie von einer Therapie zu erwarten haben und was sie von Ihnen an aktivem Einsatz verlangt.

Wenn Sie jedoch versucht haben, Ihr Verhalten nach dieser Anleitung systematisch zu verändern, so haben Sie vermutlich auch gelernt, wie Sie Probleme insgesamt besser erkennen und analysieren können und welche Vorgehensweisen es gibt, um sie zu bearbeiten. Jeder von uns wird von Freunden und Bekannten bei Problemen um Rat gefragt. Meist wissen wir nicht recht, wie wir wirksam helfen können.

Vermutlich können Sie jetzt bei einigen Schwierigkeiten genau sagen, wie man sie lösen könnte. Sie erkennen zum Beispiel bei bestimmten Erziehungsproblemen, welche Verhaltensweisen zu häufig bekräftigt wurden und welche Verhaltensweisen fehlen; Sie können auch raten, was man ganz konkret tun kann, um beides zu verbessern. In anderen Situationen können Sie genauer analysieren, durch welche Bedingungen Schwierigkeiten gesteuert und aufrechterhalten werden.

In Arbeitsblatt 46 sollten Sie überprüfen, inwieweit Sie praktische Hilfen als Unterstützung für andere zur Bewältigung von Schwierigkeiten weitergeben können. Sie stellen so fest, was Sie über verhaltenstherapeutisches Vorgehen gelernt haben.

Überdenken Sie noch einmal Ihre Erfahrungen, und notieren Sie kurz, wie Sie zu den einzelnen Punkten stehen und was sich darin für Sie verändert hat.

① Ausmaß der Änderung meines Problemverhaltens beziehungsweise meines erwünschten Verhaltens (Vergleich von Arbeitsblatt 14 und 44 → Seite 69 und 165)

② Änderung in der Belastung durch mein Problemverhalten

③ Auswirkungen auf meine Umwelt, in der Beziehung zur Familie, zu anderen Personen

④ Änderung in meinem Verhalten anderen gegenüber

(5) Änderung in meiner Einstellung zu mir selbst, meinen Problemen, meinen Zielen, meinen Möglichkeiten, etwas zu verändern

(6) Änderung in meiner Einstellung zu meiner Umwelt, zu anderen
Personen und deren Problemen

(7) Was sich für mich nicht verändert hat

(8) Weitere Pläne, die ich noch in Angriff nehmen will

Stellen Sie sich bitte vor, daß Sie von einer Freundin bei einem Problem um Rat gefragt werden, und versuchen Sie so auf das Problem einzugehen, wie es Ihnen persönlich angemessen erscheint.

„Irgendwie fühle ich mich oft unsicher und ängstlich. Neulich zum Beispiel mußte ich zu meinem Chef, weil ich bei meiner Arbeit einen Fehler gemacht hatte. Er war eigentlich ganz nett, aber ich habe mich ganz entsetzlich unwohl gefühlt und war auch irgendwie gelähmt. So etwas passiert mir auch öfters, wenn sich die Aufmerksamkeit von mehreren Menschen plötzlich auf mich richtet. Manchmal werde ich dabei noch rot. Hinterher ärgere ich mich immer sehr, daß ich nie so reagieren kann, wie ich es nötig fände. Was kann ich da bloß tun?"

Sie haben jetzt aufgeschrieben, wie Sie einen Menschen beraten würden, der mit einem Problem zu Ihnen kommt. Bei Ihrer Beratung sind Sie wahrscheinlich so vorgegangen, wie Sie es selbst bei Ihrem Problem getan haben. Zu Ihrer Kontrolle beschreiben wir kurz, welches Vorgehen aus verhaltenstherapeutischer Sicht bei diesem Problem sinnvoll ist:

①Zunächst sollte man das Problem weiter eingrenzen: Wie äußert sich das unsichere, ängstliche Verhalten genau? Wie sehen die Signalreize aus, die das Verhalten auslösen, und was ist ihnen gemeinsam? Dann sollte man die möglichen Konsequenzen, die es aufrechterhalten könnten, herausfinden und das Problem exakt als Verhaltenskette beschreiben (Kapitel 3, Arbeitsblatt 8 → Seite 54). Es ist nützlich, den Ratsuchenden schon zu Beginn mit der verhaltenstherapeutischen Sichtweise zur Entstehung von Verhalten vertraut zu machen, da er so am besten die genauen Informationen bekommt, die er braucht (Kapitel 2).

②Ein weiterer wichtiger Punkt bei der Beratung ist die Frage nach den Zielen einer Veränderung: Die Freundin fühlt sich durch ihr Problem belastet; inwieweit wird sie jedoch dadurch in ihrem Leben eingeschränkt? In einem Gespräch sollte geklärt werden, wie sie sich das erwünschte, sichere Verhalten vorstellt, was sie bei einer Veränderung insgesamt erreichen möchte,

was das für sie selbst und ihre Umwelt bedeuten würde.

③Jetzt sollte man sich entscheiden, ob man eher allgemeine Ratschläge für eine unsystematische Veränderung geben (zum Beispiel Belohnung für jedes Hineinwagen in eine Situation) oder ob man systematisch vorgehen will. Dann ist es nötig, in Zusammenarbeit mit dem Ratsuchenden ein praktikables und exaktes Beobachtungssystem zu entwickeln. In jedem Fall sollte beobachtet werden, wie oft das problematische und wie oft das erwünschte Verhalten auftritt (Kapitel 4).

④Um gemeinsam ein sinnvolles Änderungsprogramm zusammenstellen zu können (Kapitel 8), sollte man zunächst eine kurze Übersicht über die möglichen Vorgehensweisen geben. In dem beschriebenen Fall ist das angemessenste Vorgehen wohl „Erlernen von angstfreiem, sicherem Verhalten" (Kapitel 7 → Seite 125—133). Eventuell könnte auch die Einbeziehung von „Übungen, um eigene Gefühle und Bedürfnisse auszudrücken" (Kapitel 7 → Seite 113—120), günstig sein. Das Wichtigste bei einer solchen Beratung ist, dem anderen das Gefühl zu vermitteln, daß sein Verhalten akzeptiert und verstanden wird, und ihm die Möglichkeit zu geben, seine persönliche Einstellung zu den vorgeschlagenen Vorgehensweisen abzuklären.

Die Bedeutung, die Ihr selbst eingeleiteter Änderungsversuch für Sie haben kann

Selbsteingeleitete und durchgeführte Veränderungen werden in vielen Lebensbereichen gefördert; insbesondere wenn es darum geht, sich gesellschaftlich erwünschten Zielen anzunähern. Sich selbst zu verändern bedeutet zunächst wohl, in einer bestimmten Situation nicht mehr auf eine einzige eingefahrene Verhaltensmöglichkeit festgelegt zu sein, sondern sich zwischen verschiedenen Möglichkeiten wirklich entscheiden zu können. Wir haben Sie mit Verfahren bekannt gemacht, die Ihnen eine aktive Rolle bei Ihrer eigenen Entwicklung zu übernehmen helfen. Vermutlich spüren Sie dadurch ein größeres Maß an persönlicher Freiheit und Selbstbestimmung. Das Erleben der eigenen Fähigkeit, Mühen und Anstrengungen auszuhalten, um ein erstrebenswertes Ziel zu erreichen, stärkt Sie in Ihrem Glauben an die Möglichkeit, die eigenen Lebensumstände mitzubestimmen. Neben diesem Gefühl der größeren individuellen Freiheit werden Sie jedoch auch eine bessere Einschätzung der Grenzen einer Selbstveränderung erworben haben. Wahrscheinlich haben Sie die Erfahrung gemacht, daß Sie nicht alles beseitigen können, was Sie stört und belastet, und vor allem, daß Sie allein Ihre Umwelt nicht völlig verändern können. Aber unserer Meinung nach kann der Einblick in die Bedingungen, die Menschen und ihr Verhalten steuern und kontrollieren, ein erster Schritt sein, um von diesen Steuerungsmechanismen unabhängiger zu werden.

Wenn Sie mit anderen in einer Gruppe zusammengearbeitet haben, werden Sie vermutlich erlebt haben, daß Sie alle bestimmte Probleme und Schwierigkeiten (Angst, vor größeren Gruppen zu sprechen, oder davor, in einer Leistungssituation zu versagen) gemeinsam hatten. Sie werden erkannt haben, daß dies nicht zufällig so ist, sondern zurückführbar auf ähnliche Erziehungs- und Umweltbedingungen, denen Sie alle ausgesetzt waren und die Sie in ähnlicher Weise beeinflußt haben. Vielleicht hat dieses Gruppenerlebnis Sie dazu veranlaßt, jetzt weitergehende Änderungen zusammen mit anderen anzustreben; Änderungen, die für Sie allein zu schwierig oder nicht erreichbar wären. Sicher haben Sie auch festgestellt, daß einige dieser Einflüsse in Ihrer Umwelt heute noch auf Sie einwirken. Wenn Sie genauer erkennen, wodurch Ihr Kaufverhalten gesteuert wird (Signalreiz: Sonderangebot; Verstärkung durch Rabattmarken; junge, schöne Modelle in der Werbung, die beim Kauf von bestimmten Produkten glücklich sind), für welches Verhalten Arbeitnehmer in Ihrem Betrieb gefördert werden und welche Verhaltensweisen in beruflichen, gesellschaftlichen und politischen Situationen verstärkt werden (durch Geld, soziale Zuwendung), dann können Sie zumindest überprüfen, inwieweit Sie damit einverstanden sind. Vielleicht finden Sie jetzt aber auch eher Mittel und Wege, sich gegen unerwünschte Manipulationen zu wehren und die Kontrollen Ihrer Umwelt unwirksam zu machen.

Aber jeder von uns beeinflußt auch das Verhalten anderer Menschen. Wir haben immer dann Macht über andere, wenn wir im Besitz der für sie wichtigen Verstärker sind: Unser Partner ist abhängig von unserer Zuwendung; als Lehrer, Erzieher, Arbeitnehmer . . . kontrollieren wir die Verhaltensweisen ganzer Gruppen durch Zuwendung oder materielle Verstärker.

Das Ausmaß an Macht, mit der wir andere beeinflussen, mag unterschiedlich sein: Ein Arbeitgeber kann einen Arbeitnehmer in bestimmten Verhaltensweisen sehr viel mehr beeinflussen als der ihn; Kinder können das Verhalten ihrer Eltern nur wenig bestimmen, während sie selbst deren Einflüssen stark ausgesetzt sind. Dieser Macht sollten wir uns bewußt sein und immer wieder überdenken, welches Verhalten wir fördern oder unterdrücken wollen.

Die Bedingungen, nach denen Verhalten gelernt und wieder verlernt werden kann, nach denen sowohl problematisches als auch angemessenes Verhalten entsteht, sind gleich. Die Vorgehensweisen, die wir hier vorgestellt haben und die auf diesen Bedingungen basieren, könnten somit als wertfrei angesehen werden. Eingesetzt und angewendet werden sie jedoch immer, um bestimmte Ziele zu erreichen.

Wenn wir selbstkritisch überlegen, mit welchen Mitteln wir andere beeinflussen und für welche Ziele wir uns einsetzen, so können wir das Zusammenleben in unserer unmittelbaren Umwelt positiv verändern. Und wenn wir versuchen, dies nicht nur isoliert für uns persönlich zu durchdenken, sondern gemeinsam mit anderen und im Zusammenhang mit der gesellschaftlichen Situation, so kann dieser individualistische Ansatz Grundlage sein für Aktivitäten, die auf weitergehende Änderungen unserer allgemeinen Lebenssituation abzielen.

Anhang

Erfahrungsberichte

Gerhard M., 29 Jahre, Student

Liste von Schwierigkeiten/Problemen vor dem Selbstveränderungsprogramm:

1. Verschiedene Ängste:
Vor schwierigen, wenig strukturierten Aufgaben; vor eigenen Entscheidungen; andere um Hilfe zu bitten; meine Probleme zu sehen und sie anderen darzustellen; Ansprüche und Wünsche zu äußern; vor Auseinandersetzungen; vor Trennung von Ch.

2. Arbeitsstörungen im Studium und Haushalt:
Am Schreibtisch sitzen und „arbeiten" — aufräumen, Formulare ausfüllen etc.; eine neue Arbeit beginnen, bevor die andere erledigt ist; nervöse Angewohnheiten, wie mit irgend etwas spielen, an den Fingern pulen, Nägelkauen . . .; fernsehen als Vermeidungsverhalten; mich nicht wehren gegen einen Vorwurf; auf Äußerungen meines Partners nicht eingehen; fehlende aktive Beteiligung bei Veranstaltungen, Vermeiden von Kontakten.

Die schwierige Entscheidung darüber, was ich bearbeiten wollte: Ich fühlte mich zu Beginn des Wintersemesters emotional sehr stark beeinträchtigt. Alle genannten Probleme bedrückten mich gleichzeitig; und das in einem Ausmaß, das zu ertragen mir schwerfiel. In bezug auf meine Partnerschaft: Ch. teilte mir einige Male pro Woche mit, daß sie es bei mir nicht aushalte und erwäge, sich von mir zu trennen. Das gesamte Studium erschien mir als eine zwiespältige Angelegenheit wegen meiner Kontakt- und Arbeitsstörungen, und ich war irgendwie in einer ziemlich entscheidenden Situation: Entweder du rappelst dich hoch oder es ist aus!

Zunächst hatte ich 2 Dinge, die ich gern angehen wollte: meine Arbeitsstörungen und meine Kontaktschwierigkeiten. Was mir schwerfiel: beide Bereiche voneinander zu trennen, denn wenn ich versuchte, mich auf das eine zu stürzen, kamen kurz darauf Probleme auf mich zu, die so stark mit beiden verknüpft waren, daß ich die Übersicht verlor — und ich wurde oft mutlos und tat überhaupt nichts. Was mich beim Bearbeiten der Arbeitsstörungen reizte: daß sie mich arg bedrückten; bei den Kontaktschwierigkeiten reizte mich: Ich finde Interaktionen zwischen Menschen grundsätzlich ziemlich spannend und freute mich darauf, nun mal wieder etwas erleben zu können. Im Gespräch mit Ch. über meine Pläne mußte ich mir den wichtigen Gedanken anhören, daß ich, wollte ich meine Kommunikationsschwierigkeiten allgemein bearbeiten, doch wieder die Auseinandersetzung mit unserer Beziehung und den darin auftretenden Problemen vermeide.

Dennoch: Ich neigte dazu, mich mit Kommunikationsstörungen, sozialer Unsicherheit zu beschäftigen, und begann mein Programm damit. Nach einiger Zeit merkte ich, daß ich auf dem Holzweg war: Ich wollte zuviel auf einmal. Die Probleme, die ich bearbeiten wollte, sahen zu vielschichtig aus; ich hatte zu diesem Zeitpunkt etwa vor: Bearbeiten der Kontaktschwierigkeiten mit Ch., aktive Beteiligung an Veranstaltungen, Ergreifen sozialer Initiative im Kontakt mit Fremden, Angehen des Problems „Verliebt sein in eine Kommilitonin". Was mir dabei so schwierig erschien: alles unter einen Hut zu kriegen, Verhaltensanalyse getrennt für jeden dieser Problembereiche, für jedes Problem möglicherweise einen eigenen Interventionsplan, für jedes Problem Beobachtung — kurz, der Kram schien mir über den Kopf zu wachsen. Ich beschloß, mich im Interesse einer möglichst intensiven Zuwendung auf ein Problem zu beschränken. Die Zusammenarbeit mit einem Kommilitonen in der Gruppe (er behämmert mich ein bißchen, das Problem mit Ch. anzugehen) inspirierte mich schließlich endgültig, mich auf das Problem Partnerschaft zu beschränken. Ich konnte endlich anfangen! Erwähnt werden muß dennoch: Da mich noch mehrere andere Probleme belasteten, war ich zusätzlich daran interessiert, diese Dinge auch zu bearbeiten. Ich entschloß mich zur Bearbeitung der Arbeitsstörungen so nebenbei; denn etwas Engagement dafür war bei meiner schlechten Ausgangslage immer noch besser als gar nichts; außerdem versuchte ich mich so nebenbei in der Bearbeitung der Schwierigkeiten mit der Kommilitonin, in die ich verliebt war, und in der Bearbeitung von Kontaktschwierigkeiten im Umgang mit Fremden und Geschäftspartnern sowie mit weiter entfernten Familienangehörigen. Der Tod meines Vaters brachte zusätzlich die Möglichkeit mit sich, die Beziehung zu meiner Mutter ganz neu zu strukturieren. Meine Aufgabe hier: ein bisher nur in Ansätzen bestehendes Vertrauensverhältnis auszubauen und zum Beispiel offen über eigene Gefühle, Schwierigkeiten, Ziele nachzudenken und sie zu artikulieren.

Was ich für meine Veränderung benutzt habe:

a) ausdrücken, daß mir etwas gefällt (2 Wochen);

b) ausdrücken, wenn mir etwas nicht paßt (2 Wochen);

c) ausdrücken, was ich gerne möchte oder zu tun beabsichtige (1 Woche);

d) ausdrücken, daß ich ein Problem habe und Hilfe brauche (1 Woche, Häufigkeit selten), und zwar in folgenden Situationen:

1. beim Zusammensein mit Ch.;

2. beim Zusammensein mit anderen Leuten.

Haupteffekt:
Alle Verhaltensweisen a—d wurden häufiger.
Generalisierung: Ich konnte mich mit meinen Gefühlen in einer Situation besser identifizieren, klarer Stellung nehmen, mich effektiver darstellen und sicherer auftreten.
Abgebaut habe ich: Vermeidungsverhalten im Zusammensein mit Ch.: Passivität; Vermeiden, eigene Wünsche zu äußern; eigene Stellungnahmen vermeiden.
Aufgebaut habe ich: körperliche Zuwendung; direkter Verhaltensausdruck; Fragen stellen: Was hast du erlebt? Wie siehst du das? Ideen darstellen und entwickeln für gemeinsame Aktivitäten; in Konflikten die eigene Position besser vertreten, auf den anderen besser eingehen, zum Beispiel aktiver zuhören. Was mich sonst im Kontakt mit Ch. gleichgültig ließ, darauf gehe ich jetzt so ein, daß ich zufriedener mit mir bin; wir haben seither wieder mehr schöne gemeinsame Erlebnisse gehabt.
Ich habe die Intervention nach 3 Wochen abgebrochen wegen terminlicher Schwierigkeiten mit meiner Diplomarbeitsgruppe; ich konnte mich nicht mehr auf alle Punkte meines Interventionsplans vorbereiten. Außerdem wirkten allmählich meine Bekräftiger nicht mehr. Meine Erfahrungen aus diesem Umstand:
1. Der Interventionsplan muß vor Beginn der Intervention 100-prozentig festliegen. Kleine Änderungen lassen sich immer noch einschieben (zum Beispiel kurzfristiges Umorganisieren der Bekräftiger); für größere Arbeiten fehlt möglicherweise die Zeit oder — wie bei mir — ein bißchen die Motivation, was für mich, bei meinem hohen Ausmaß an Veränderungen durch das Programm, eigentlich kein Wunder ist.
2. Die Bekräftiger sollten immer parat sein; es sollten nicht zu viele sein: Wenn die Wahl zur Qual wird, verstreicht die Zeit, und das Belohnungserlebnis bleibt möglicherweise aus. Es muß vorher definiert sein, was als Bekräftiger für ein bestimmtes Verhalten gelten soll. Günstig wäre zum Beispiel: Heute abend gibt es einen Film im Fernsehen; wenn ich heute 10 Chips kriege, darf ich ihn mir ansehen. Ungünstig wäre: Ich habe mir eben einen Film angesehen, das kostet mich 10 Chips.
Weitere Änderungen bei mir, die mit dem Programm im Zusammenhang stehen:
1. Ich bin offener mit anderen Menschen geworden, zum Beispiel gegenüber meiner Mutter, meinen Schwiegereltern, meinem Sohn, Studenten, Dozenten, Passanten, Geschäftspartnern.
Ich kann mich besser darstellen; äußern, wenn ich ein Problem habe und Hilfe brauche; in meiner Diplomarbeitsgruppe meine Ansprüche vermitteln; und ich fühle mich im Umgang mit an-

deren freier und gehe auch mehr und besser auf die anderen ein.

2. Der Kontakt zu den Leuten in meiner Diplomgruppe ist besser geworden: Ich habe in der Arbeit Fuß gefaßt, kann meine Arbeit sicherer vertreten und darin verantwortlich weiterdenken und -arbeiten; persönlichere Beziehungen zu anderen sind möglich geworden; Verkrampfungen bei mir während der Sitzungen sind abgebaut, ich kann mich freier artikulieren.

3. Die Beziehung zu meiner Mutter und meinen Schwiegereltern hat sich verbessert: Ich teile ihnen mehr mit, was mir an Ihnen gefällt, was mich stört; die Beziehungen sind offener und befriedigender; die Angst in der Beziehung zu meinen Schwiegereltern hat sich etwas verringert.

4. Ich habe das Problem geklärt: Ich war länger als ein Jahr in eine Kommilitonin verliebt, ohne es mir eingestehen zu können. Ich habe das inzwischen als mein Problem akzeptiert, habe mit Ch. darüber gesprochen und auch mit dem Mädchen und bin in dem diesbezüglichen Verhalten beiden gegenüber freier geworden. Ich habe mich dafür entschieden, daß ich die Beziehung zu meiner Frau erhalten und ausbauen möchte.

5. Ich habe mein Arbeitsverhalten verbessert: Mit Hilfe unsystematischer Verstärkung (unsystematisch hinsichtlich der Verstärkung) habe ich erreicht, daß ich meine Arbeit jetzt mehr plane, vorher überlege, eher zielstrebig

durchführe und leichter zu Ende bringen kann. Dadurch hat sich die effektive Arbeitszeitnutzung um das 3- bis 10fache verbessert: Sommersemester 4 Stunden Arbeitszeit, davon $1/4$ Std. effektiv; jetzt: 7 Std. Arbeitszeit, davon etwa 6 Std. effektiv genutzt! Effektiv entspricht meiner subjektiven Zufriedenheit mit den Problemlösungen, zu denen ich in diesen Arbeiten gekommen bin.

6. Ich beteilige mich aktiver an Veranstaltungen. Mir fällt es leichter darzustellen, was ich gearbeitet habe, welche Probleme und welche Ansprüche.

7. Meine Angst vor Dozenten hat sich verringert. Mir ist nicht ganz klar, worauf sich das genau zurückführen läßt: auf das Programm oder meine in letzter Zeit häufiger gewordene Anwesenheit im Institut oder auf beides zusammen.

8. Mein Interessenhorizont hat sich vergrößert. Schon bei der Selbstbeobachtung zeigten sich Ansätze für: mehr Kommunikation mit Ch. über Ziele, Wünsche, gemeinsame Aktivitäten, mehr aktive Gestaltung des Zusammenlebens, größeres Interesse an der Beziehung und am Partner.

9. Zu den Arbeitsstörungen im Bereich Haushalt: Bei der Hausarbeit (umfaßt etwa $1/4$ bis $1/2$ aller meiner Aktivitäten pro Tag) hatte ich erhebliche Schwierigkeiten. Ich gab mir immer schon dann eine Bekräftigung in Form einer Ablenkung, neuen Arbeit etc., bevor ich die Arbeit erledigt

hatte — häufig dann, wenn etwas schwierig oder langweilig wurde. Durch Bewußtmachen des Kontingenzprinzips kam ich dahin, mich mit neuen Aufgaben im Haushalt erst dann zu belohnen, wenn die vorige gerade erledigt war.

Meine Stellungnahme zur Frage, weshalb ich eigentlich soviel bisher so unsystematisch gemacht habe:

Mir ist klar: Ich habe in diesem Programm zu vieles ungenau gemacht, als daß es als methodisch sauber beurteilt werden dürfte. Die ganze Kritik dazu fand ich bisher berechtigt. Dennoch: Für mich waren meine Probleme vorher sehr stark belastend, und ich hatte eine Menge davon; mir fehlte völlig der Überblick, und ich wußte nicht, wo anfangen. Hätte ich mit nur einem angefangen und dabei die anderen vernachlässigt, hätte sich wohl kaum etwas verändert. Ich hätte vielleicht wieder quantitativ viel arbeiten können — wie bisher schon immer im Studium —, aber mit wenig Effekt — auch wie meistens bisher —, das war meine Befürchtung. Deshalb ging ich mit sehr viel Motivation und vielen gemischten Gefühlen an dieses Programm heran. Meine Devise lautet jetzt eher: wenig Arbeit mit viel gutem Effekt, und ich glaube, was ich jetzt leichter kann, ist dies in konkretes Verhalten umzusetzen. In meinem Programm habe ich viele kleine Erfolge erlebt; ich habe das Be-wußtsein dafür bekommen, daß ich mein Leben in die Hand nehmen kann, ohne vorher lange darüber grübeln zu müssen, wie und wann und wo — und ob! — ich ein solches wohl allmählich zu bewerkstelligen mich anstellen könnte.

Jetzt, da ich sehe, Selbstveränderung funktioniert bei mir, könnte ich mich dafür entscheiden, noch mal so etwas und das methodisch sauberer zu machen. Ach ja, was ich eigentlich für mich als die wichtigsten Ergebnisse des Programms ansehe:

1. Daß für mich entscheidend werden konnte: Ich mache die Bewertung meines Verhaltens mehr von Maßstäben abhängig, die ich für mich selbst definieren kann;

2. Das erhebende Gefühl von einem Tag vor einiger Zeit, als ich meiner Frau ganz frei und offen sagen konnte, was ich eigentlich jetzt immer wieder erlebe: Ich bin ganz sicher, daß ich mit dir zusammen leben möchte, daß ich bei dir bin und dich liebe; mich für dich entscheiden kann. Wir brauchen uns nicht scheiden zu lassen.

Wo ich jetzt noch Probleme für mich sehe und die ich bearbeiten will:

Rückmeldung von Ch.:

1. Es fehlt mir noch an sicherem Auftreten beim Äußern von Wünschen, Absichten, Ideen, Vorschlägen.

2. Sie findet: Ich gehe zu wenig auf ihre ausgesprochenen und

nichtausgesprochenen Wünsche ein.

3. Sie wünscht sich von mir mehr Ausdruck von Wertschätzung in Wort und Tat.

Ich glaube, es fällt mir weiterhin noch schwer, darüber zu sprechen, wenn ich ein Problem habe und Hilfe brauche. Wenn mich etwas belastet und ich mit dem zugehörigen Problem eine Absicht verbinde, fällt es mir schwer, darüber zu sprechen. Mich stören meine nervösen Angewohnheiten (Kopfkratzen, Nägelkauen . . .). Weiterhin möchte ich meine Wünsche, Zielvorstellungen entwickeln und konkretisieren; auf Ch. eingehen in Situationen, in denen sie übermütig ist und ich sie als aggressiv erlebe (bisher: Klappe zu).

Hanna R., 18 Jahre, Schülerin
Zunächst war mein Problem sehr unklar für mich und verschwommen. Es war eine Unsicherheit gegenüber Menschen in übergeordneten Positionen oder die mir streng und autoritär begegnen. Ich habe sehr lange überlegt, wann solche Situationen auftreten (besonders in der Schule), wie ich mich verhalte, wenn ich in solchen schwierigen Situationen bin (werde rot, sehe weg, sage nichts, lache dumm . . .) und bei welchen Menschen ich das Problem besonders häufig habe, in welchen Situationen ich mich wohler fühle und wann es ganz besonders schwierig ist. Und schon bei der Analyse und dem genauen Überdenken hatte ich den Eindruck, daß mir die Situationen auf einmal leichter fielen: Ich fühlte mich den „Autoritäten" nicht mehr so ausgeliefert und wußte konkreter über mein Verhalten Bescheid. Mir wurde schließlich klar, daß meine Unsicherheit gegenüber einem Lehrer besonders stark auftrat. Weil ich den anderen in meiner Gruppe mein Verhalten nicht so genau schildern konnte, haben wir es in einem Rollenspiel verdeutlicht. Ich habe dabei den Lehrer gespielt. Damit war das Problem praktisch für mich gelöst. Ich merkte in den folgenden Tagen, daß mich sein strenger Blick, ein ganz bestimmter Ton, wenn er mich etwas fragt, nicht mehr so aus der Ruhe bringen konnte; ich konnte auf einmal ruhig nachdenken und antworten. Seit 2 Monaten warte ich nun vergeblich auf das Auftreten meines Problemverhaltens — mein Trainingsprogramm und die Bekräftiger, alles liegt bereit. Aber das Problem ist nie mehr so aufgetreten, daß es sich lohnen würde, ganz systematisch daran zu arbeiten. Ich glaube, daß es mir geholfen hat, daß ich weiter in der Gruppe gearbeitet habe, den anderen auch weiterhin von mir berichtet habe und an ihren Veränderungen mit teilgenommen habe.

Petra H., 26 Jahre, Hausfrau
Mein Problem bestand in einer übermäßigen Ängstlichkeit vor großen Hunden und Insekten.

Schon die Vorstellung solcher Situationen führte bei mir zur Panik (Herzklopfen, Zittern, Schweißausbrüche). Wenn ich mit solchen Situationen konfrontiert wurde, lief ich kopflos weg. Im allgemeinen versuchte ich, solche Situationen zu vermeiden. Mein Ziel war: ohne Angst an diese Situationen denken, ihnen angstfrei und ruhig begegnen zu können.

Zunächst habe ich an meiner Angst vor Hunden gearbeitet. Ich konnte mein Verhalten gut beobachten und habe durch das Protokollführen festgestellt, daß meine Angst abhängig ist von: Größe der Hunde, Entfernung von ihnen und ob sie angeleint waren. Schwierige Situationen traten ca. 7mal pro Tag auf.

Mein Training bestand in Einüben der Entspannung und Aufbau von angstfreiem Verhalten. Zunächst begann ich, das Entspannungstraining zu üben. Ich übte drei Wochen lang, allerdings unregelmäßig und auch nicht jeden Tag, so daß es mir nicht gelang, mich in sehr kurzer Zeit völlig zu entspannen. Wegen Zeitdrucks mußte ich das Training aber leider abbrechen, weil ich endlich mit der Intervention beginnen wollte.

Während ich noch das Entspannungstraining durchführte, erarbeitete ich schon den Veränderungsplan. Ich entschloß mich, 2 Pläne zu erstellen: einen zum Abbau der Angst vor Hunden, einen anderen zum Abbau der Angst vor Mücken, den ich im Sommer durchführen will. Ich schrieb zunächst alle Situationen, in denen ich Angst vor Hunden hatte, auf. Danach ordnete ich die Situationen nach der Stärke der Angst, die sie in mir auslösten, und numerierte sie durch. Konkret sah das so aus, daß ich festlegte, mich einem großen Hund schrittweise anzunähern. Bei jeder Stufe sollte die Anzahl meiner Schritte vermehrt werden: Zunächst will ich 10 Schritte auf einen Hund, der angeleint ist, zugehen, den Hund ansehen, dann, wenn ich will, auf die andere Straßenseite gehen; später will ich dann 30 Schritte einem nicht angeleinten Hund entgegengehen, bis ich zum Schluß angstfrei direkt an einem nicht angeleinten Hund vorbeigehen kann. Bei Angst sollte jede Übung sofort abgebrochen werden; jede Übung sollte in entspanntem Zustand durchgeführt werden. Für jedes Üben war eine Belohnung, die ich vorher genau festgelegt hatte, vorgesehen. Danach führte ich mein Änderungsprogramm durch. Schwierigkeiten, die dabei auftraten:

1. Ich konnte mich nicht immer richtig entspannen.
2. Entsprechende Hunde standen nicht immer „zur Verfügung".
3. Ich stand unter Zeitdruck.
4. Ich hatte nicht genügend Ruhe, jede Situation so lange zu üben, bis ich sie ganz angstfrei beherrschte.
5. Es war mir manchmal etwas

peinlich, mein Programm auf der Straße durchzuführen, wenn mich viele Leute beobachten konnten.

Wolfgang T., 28 Jahre, Student, vorher Steuerinspektor

Bereits vor dem Kurs „Selbstmodifikation" trug ich mich mit dem Gedanken, einige meiner Probleme durch Prinzipien der Verhaltenstherapie zu verändern. Angeregt hierzu wurde ich durch einige Artikel zur Selbstkontrolle. Das beschäftigte mich so sehr, daß ich mich entschloß, im Winter '74 das Seminar „Selbstmodifikation" zu besuchen, um einige meiner Schwierigkeiten selbst zu verändern.

Probleme, die ich am Anfang des Seminars deutlich sah:
Ich hatte Angst in sozialen Situationen. (Die genaue Analyse von Wolfgangs Problem ist als Beispiel in Arbeitsblatt 8 → Seite 53 zu lesen.) Durch die Beschreibung meines Problems als Verhaltenskette war mir zwar klar, was allen Ängsten gemeinsam ist; doch ich erkannte den gesamten Mechanismus nicht in allen Einzelheiten. Ich hatte lediglich immer wieder erfahren, daß mir vor schwierigen Situationen, wie ich sie in Arbeitsblatt 8 beschrieben habe, schlecht wurde. Häufig habe ich dann vermieden, die Situationen aufzusuchen, oder aber ich nahm Tabletten, um die anfangs starke Angst so zu reduzieren, daß mir nicht schlecht wurde.

Die genaue Beobachtung meiner Ängste:
Der Kurs bot mir die Möglichkeit, meine Ängste vor sozialen Situationen einmal genauer zu beobachten. Während der ersten beiden Male, als ich zum Kurs ging, nahm ich Tabletten. Trotzdem war meine Angst ziemlich groß. Beim 2. Mal hatte ich allerdings die Einnahme der Tabletten dermaßen verzögert, daß ich zum erstenmal seit 1968 meine Angst genau beobachten konnte ('68 nahm ich das erste Mal Tabletten). Ich schrieb an diesem Nachmittag ein genaues Verhaltensprotokoll, in dem ich alle Gefühlszustände und Verhaltensweisen genau registrierte. Während der folgenden 3 Wochen kontrollierte ich diese Aufzeichnungen ständig und gewann so einen ziemlich präzisen Verlauf meiner Erwartungsangst. Ich habe es stets so erlebt, daß eine Reaktion Signalreiz für die nächste war (Arbeitsblatt 8: Mein typisches Problemverhalten), und dieser Ablauf zeigte sich in sämtlichen Angstsituationen.

Durch die systematische Beobachtung konnte ich mein Problem eingrenzen in 2 Kategorien:
a) Angst in sozialen Situationen,
b) Angst vor dem Zahnarzt.
Ich erkannte auf einmal, daß meine Ängste zu einem großen Teil damit zusammenhängen, daß mir ein Verhalten fast völlig fehlte: mich durchzusetzen beziehungsweise in manchen Situationen selbstsicher zu sein. Dazu

kam, daß ich eine bestimmte Erwartungsangst nicht kontrollieren konnte. Diese zunächst sehr trivial aussehenden Gedanken bedeuteten für mich folgendes: Ich sah meine Ängste sehr viel konkreter, auf elementarere Situationen beschränkt. Während mir vorher meine Ängste sehr diffus erschienen, sah ich auf einmal ziemlich klar, was mir fehlte, und auch, was ich erreichen wollte. Mein Ziel war es, ein angstfreieres Verhalten aufzubauen, um dadurch unabhängiger von Tabletten zu werden.

Mein Interventionsplan:
Während meiner Verhaltensbeobachtung fiel mir auf, daß meine eigentliche Schwierigkeit für mich darin bestand, viele „schwierige Situationen" während der Woche zu bestehen. Das veranlaßte mich dazu, den Gebrauch von Tabletten nicht mehr als so problematisch zu erleben, wie ich es vorher tat.

Wichtiger waren mir folgende Ziele:
1. den Verhaltensablauf der Angstentstehung zu unterbrechen
2. Selbstsicherheit zu fördern
3. Aufbau von angstfreiem Verhalten in den betreffenden Situationen.

Mein Behandlungsplan sah daher folgendermaßen aus:
1. Unterbrechen des Verhaltensablaufes (Arbeitsblatt 21)
Erwartungsangst vor einer bestimmten Situation:
Ich unterbreche meine Arbeit und fange an zu gähnen — hier versuche ich schon die Verhaltenskette zu unterbrechen, indem ich mir die Situation, vor der ich Angst habe, ganz genau vorstelle, und dann lese ich weiter. Ich belohne mich dafür mit 10 DM, Gitarre spielen oder 10 Minuten Schwimmen. Oder ich unterbreche bei 2 (siehe Arbeitsblatt 8): Sobald ich müde werde, mache ich Entspannungsübungen, dafür belohne ich mich mit 10 Minuten Gitarre oder Teetrinken. Bei 3 unterbreche ich den Verhaltensablauf, indem ich mich nicht hinlege, sondern etwas lese, was mich stark interessiert. Belohnung dafür: Gitarre, Telefonieren oder Schwimmen. Bei 4: Ich mache mir bewußt, daß es sich um ein Glied in der Kette handelt, Entspannungsübungen. Belohnung: Gitarre, LP hören, etwas essen. Bei 5, 6, 7 (frieren, niesen, schwitzen) dieses als harmlos ansehen, keine Bedeutung zumessen, sondern Aktivitäten entwickeln, etwas Wichtiges lesen, Briefe schreiben, telefonieren. Als Belohnung dafür: Gitarre, Schwimmen, Telefonieren, Tee trinken, mit meiner Frau reden. Bei 8 (beginnende Übelkeit) versuche ich, wenn möglich, mit meiner Frau darüber zu sprechen oder mit Bekannten zu telefonieren oder, wenn es im Kurs ist, mit den anderen darüber zu sprechen. Belohnung: Ich lobe mich selbst, mit anderen in die Kneipe gehen.
2. Aufbau von selbstsicherem Verhalten in sozialen Situationen,

in kleinen Schritten mit konsequenter Belohnung:
Hierzu benutzte ich die Arbeitsblätter: 19, 26, 27, 28, 29, 30, 32, 33, 34, 36.
Für Arbeitsblatt 36 erstellte ich eine Rangordnung meiner Signalreize nach Schwierigkeiten, und ich übte zuerst in der Vorstellung und anschließend in der Realsituation.
Mein Interventionsplan erstreckte sich auf 5 Wochen. Wenn ich in den bezeichneten Situationen das im Plan festgelegte Verhalten zeigte, konnte ich mich sofort mit Chips belohnen, die ich ständig bei mir trug, so daß ein ganz enger Zusammenhang zwischen erfolgreicher Bewältigung der Situation und Zuteilung eines Chips bestand. Die Verstärker hatte ich nach Chip-Anzahl geordnet, so daß ich aus der Liste ersehen konnte, wie viele Chips ich brauchte, um zum Beispiel am Abend im Fernsehen ein Fußballspiel sehen zu können und ein Bier dazu trinken zu dürfen. Sobald ich einen Schritt sehr gut beherrschte, er mir nicht mehr soviel Angst machte, blendete ich die Belohnung langsam aus.
Während der Durchführung des Interventionsplans schloß ich einen Vertrag, der vorsah, daß ich bei Nichteinhalten meines Planes mit folgenden Sanktionen rechnen muß:
1. Passiert es bis zu 5mal, so darf ich jedesmal am kommenden Tag das Auto nicht benutzen.
2. Danach muß ich zusätzlich

Geld an die CDU spenden, und zwar beim 6., 7., 8. Mal 100 DM, beim 9., 10., 11. Mal weitere 100 DM. Diese Sanktionen wären teilweise, was das Geld anbetrifft, von meiner Frau eingeleitet worden. Ich hatte meine Frau gebeten, mein Verhalten ebenfalls kritisch zu beobachten. Sie konnte meine eigenen Verhaltensbeobachtungen ständig überprüfen, denn ich hatte alle Beobachtungsbögen an meine Zimmertür geklebt. Zu Sanktionen kam es nicht, denn ich habe mein Verhalten so geändert, wie ich es in meinem Interventionsplan festgelegt hatte.
Was hat sich bei mir wirklich geändert?
1. Zahnarzt:
Ich ging am 20. 2. 75 nach 6 Jahren das erste Mal wieder zum Zahnarzt. Die Situation leitete ich wie folgt ein. Ein Bekannter, der Arzt ist, empfahl mir einen Zahnarzt, der nicht so starr ist wie diejenigen, die ich bisher kennengelernt habe (die sagten immer: Ach, Sie brauchen keine Angst zu haben). Diesen Zahnarzt rief ich an und schilderte ihm kurz mein Selbstmodifikationsprogramm. Er erklärte sich bereit, mich zu unterstützen. Am Tag, als ich zu ihm ging, unterbrach ich konsequent die Angstentstehung. Als ich zu ihm hinging beziehungsweise bei ihm war, sprach ich mit ihm eine Vorgehensweise durch, die mir sehr genützt hat. Ich saß ziemlich lange in dem von mir so gefürch-

teten Stuhl. Er sah sich meine Zähne an und fragte, ob ich es schon ertragen könnte, wenn er ganz vorsichtig Zahnstein entfernen würde. Das hätte für mich den Vorteil, daß ich auch schon den Bohrer wahrgenommen hätte. Ich stimmte zu. Mit dieser schrittweisen Annäherung überwand ich meine Angst vor dem Zahnarzt. Es macht mir im Augenblick überhaupt nichts aus, dorthin zu gehen. Am 1. 5. war ich das letzte Mal dort. Ich bin ganz sicher, daß ich in einem halben Jahr meine Zähne wieder nachsehen lassen werde. Ein Termin steht schon lange in meinem Kalender.

2. Schwiegereltern

Nach $3^1/_2$ Jahren habe ich meine Schwiegereltern vor 2 Monaten wiedergesehen.

Dieses Problem „Angst vor meinen Schwiegereltern" analysierte ich in der Gruppe, die mir dabei eine große Hilfe war. Nach einem Gespräch mit der Gruppe faßte ich den Entschluß (1. Schritt), meine Schwiegereltern einfach einmal anzurufen. Sie waren sehr überrascht und reagierten ausgesprochen freundlich. Ihre Reaktion ermutigte mich, ihnen ein Treffen vorzuschlagen. Den genauen Termin wollten wir in den nächsten 14 Tagen telefonisch vereinbaren. Diese allmähliche Annäherung war für mich sehr wichtig, denn so konnte ich mich mit der Situation vertraut machen, und ich konnte selbst die Bedingungen festsetzen. (Für mich war es sehr wichtig, nicht der gesamten Familie auf einmal gegenüberstehen zu müssen.

Da meine Schwiegereltern sich nicht — wie vereinbart — meldeten, faßte ich eines Morgens den Entschluß, den Stier bei den Hörnern zu packen und sie ganz einfach zu besuchen. Ich fuhr mit dem Auto nach Hannover. Kurz vor Hannover wurde mir doch etwas mulmig, deshalb parkte ich mein Auto auch in einer Seitenstraße und ließ mir die Möglichkeit offen: Wenn die Situation zu schwer für mich wird, die Angst unerträglich, dann gehe ich nur an dem Haus vorbei, aber nicht hinein.

Meine Schwiegermutter war sehr erstaunt und erfreut über meinen Besuch, und es verlief besser, als ich es mir vorgestellt habe. Mit meinem eigenen Verhalten war ich sehr zufrieden, denn wir unterhielten uns lange über unsere jahrelange Trennung, und ich sprach mit ihnen ganz offen über meine Angst. Ich glaube, sie waren darüber sehr bestürzt. Ich fühlte mich in der Situation sehr souverän und war überhaupt nicht unsicher. Inzwischen habe ich meine Schwiegereltern ein 2. Mal gesehen. Jetzt kann ich mir gar nicht mehr vorstellen, daß ich ihnen nicht gewachsen sein könnte. Heute glaube ich, daß meine Angst vor ihnen der Vergangenheit angehört.

3. Soziale Situation

Ich bin nach meinem eigenen Empfinden sehr viel selbstsicherer geworden. Meine Mitmenschen teilen mir das ebenfalls mit. Dieses Gefühl, „das schaffst du schon", hat mich ganz allgemein irgendwie mutiger gemacht. Ich habe das Gefühl gewonnen, anderen Menschen nicht mehr dermaßen ausgeliefert zu sein wie früher. Neben diesem pauschalen Eindruck zeige ich in einigen sozialen Beziehungen wesentlich mehr Offenheit als vor der Intervention. Ich wende in diesem Zusammenhang auch Techniken an, die mir schon lange klar waren, die ich aber doch nicht anwendete.

An einem Beispiel möchte ich verdeutlichen, wie ich meine Verhaltenskette durch ablenkendes Verhalten unterbrochen habe und wie ich versucht habe, durch eine weitere Technik — Watzlawick nennt es die „paradoxe Intention" — mein Symptom „Übelkeit und Erbrechen" ganz bewußt herbeizuführen.

Zum 3. Gruppentreffen nahm ich keine Tabletten. Ich fühlte mich vor der Abfahrt ziemlich aufgeregt. Meine Frau fuhr mit. Ich hatte sie vorher instruiert, daß sie auf meine Angst nicht eingehen sollte, aber viel mit mir reden möchte. Ich erlebte es so, daß ich durch das Fahren und das Unterhalten von meiner Angst ziemlich abgelenkt war. Leider waren wir viel zu früh da und mußten noch 20 Minuten warten; obwohl meine Frau sich ziemlich viel mit mir unterhielt, verspürte ich schubweise sehr starke Angst. Ich zweifelte dann kurze Augenblicke, ob ich es wirklich schaffen würde, das heißt, ob mir nicht wirklich schlecht wird. In diesem Moment habe ich mir dann vorgestellt, mir wird schlecht, ich muß mich übergeben, ich habe mir selbst befohlen: Nun übergib dich! Aber das befürchtete Erbrechen trat nicht ein. Ich habe so die Wartezeit sehr gut überbrückt und selbst durch die paradoxe Intention erfahren, daß meine Befürchtung, „Ich muß mich erbrechen", gar nicht eintritt. In der Gruppe habe ich dann meine Angstgefühle haargenau geschildert. Das war etwas ganz Neues für mich, denn sonst habe ich es meistens verheimlicht, weil ich Angst hatte, daß man sich über mich lustig machen könnte. Nachdem ich meine Gefühle und Empfindungen der Gruppe offen mitgeteilt hatte, fühlte ich mich unheimlich erleichtert.

Berufsperspektiven, finanzielle Schwierigkeiten:
Im Oktober 74 überraschte mich der Bescheid, daß ich kein Stipendium mehr bekommen würde. Ich war zuerst ganz down, dann entschloß ich mich, einen Rechtsanwalt zu nehmen. In dem Verfahren stellte sich heraus, daß ich zumindest 1 Jahr weiter Geld bekommen würde. Der Schritt hatte sich also wirklich gelohnt. Ich bin sicher, daß mein Entschluß auf eine sich langsam entwickelnde Form von Selbstsicherheit zurückzuführen ist. Vor einem Jahr hätte ich den Bescheid wider-

spruchslos hingenommen. Zum selben Zeitpunkt unternahm ich noch einen weiteren Schritt. Ich arbeite seit langem unentgeltlich in einer Klinik. Es kamen mir jetzt Gedanken, ob und wie ich es verändern könnte, und es führte dazu, daß ich diese Tätigkeit schließlich bezahlt bekam.

Als ich mit meiner Arbeit dort aufhörte, bat ich um eine Unterredung mit dem Chefarzt. Ich teilte ihm mit, daß ich sehr gern dort gearbeitet hätte, und fragte, ob es möglich sei, nach dem Diplom eine Stellung dort zu bekommen. Er sicherte mir zu, eine weitere Stelle zu beantragen. Vor meiner Intervention hätte ich bestimmt nicht mit einer derartigen Gelassenheit eine solche Situation gesucht und so selbstsicher durchgestanden.

Insgesamt bin ich sehr viel selbstsicherer geworden. Das führt zu vielfältigen Folgen: zum Beispiel zum Kennenlernen neuer Leute, zu mehr Einladungen von anderen und mehr Kontakten mit anderen.

Wollen habe ich wohl ...

. . . schrieb schon Paulus an die Römer (Kapitel 7, Vers 18). Das Problem, nicht so zu sein, wie man sein sollte oder möchte, ist demnach uralt.

Bei Goethe liest man die Klage: „Wir wollen alle Tage sparen und brauchen alle Tage mehr." Auch das Problem, nicht so viel zu haben, wie man haben sollte oder möchte, ist demnach nicht mehr jung.

Daß andere auch nicht stark sind, ist der wohlfeilste Trost.

Literaturempfehlungen

Einführung in die Verhaltenstherapie:

Halder, P.: Verhaltenstherapie. Kohlhammer, Urban Tabu, Stuttgart 1973, DM 5,80

Informationen zur Selbstkontrolle und Selbstmodfikation:

Watson, D. L./Tharp, R. G.: Einübung in Selbstkontrolle. Grundlagen und Methoden der Verhaltensänderung. Pfeiffer, München 1975, DM 28,—

Hartig, M.: Selbstkontrolle. Lerntheoretische und verhaltenstherapeutische Ansätze. Urban u. Schwarzenberg, München 1973, DM 28,—

Anregungen zur Veränderung von sozialen Beziehungen und Partnerproblemen:

Schwäbisch, L./Siems, M.: Anleitung zum sozialen Lernen für Paare, Gruppen und Erzieher. Rowohlt Tabu, Reinbek 1974, DM 6,80

Mandel, A./Mandel, K. H./Zimmer, D.: Einübung in Partnerschaft durch Kommunikations- und Verhaltenstherapie. Pfeiffer, München 1971, DM 28,—

Literaturnachweis

Allen, G.: Treatment of test anxiety by group administered and self administered relaxation and study counseling. Beh. Therapy, 1973, 4, 349—360

Aronfreed, J.: Conduct and conscience. The socialisation of internalised control over behavior. New York 1968

Baker, B. L., Cohen, D. C., Saunders, J. T.: Self-directed desensitisation for acrophobia. J. Beh. Res. a. Therapy, 1973, 11, 79—89

Bandura, A.: Principles of behavior modification. New York 1969

Bandura, A., Kupers, C. J.: The transmission of patterns of self-reinforcement through modeling. J. Abn. a. Soc. Psychol. 1964, 69, 1—9

Bandura, A., McDonanld, F. J.: The influence of patterns of self-reinforcement and the behavior of models in shaping children's moral judgements. J. Abn. a. Soc. Psychol., 1963, 67, 274—281

Bandura, A., Walters, R.: Social learning and personality development. New York 1965

Bellack, A. S., Rozensky, R., Schwartz, J.: A comparison of two forms of self-monitoring in a behavior weight reduction programm. Beh. Therapy, 1974, 5, 523—530

Benecke, W. M., Harris, M. B.: Teaching self-control of study behavior. Beh. Res. a. Therapy, 1972, 10, 35—41

Brengelmann, C.: Brieftherapie beim Nichtraucher-Training. Medical Tribune, 1974, 19, 6—8

Brigham, T. A., Bushell, D.: Notes of autonomous environment: Student-selected vs. Teacher-selected rewards. Unveröffentl. Manu. University of Kansas 1972

Bigelow, G., Cohen, M., Liebson, I., Faillance, L. A.: Abstinence or moderation? Choice by alcoholics. Beh. Res. a. Therapy, 1972, 10, 209—214

Bryan, J. H., Test, M.: Models and helping. Naturalistic studies in aiding behavior. J. Pers. a. Soc. Psychol., 1967, 6, 400—407

Cautela, J. R.: Behavior therapy and self-control techniques and implications. In: C. M. Franks (Ed.), Behavior therapy appraisal and status. New York 1969, 323—340

Danaher, B. G.: Theoretical foundations and clinical applications of the Premack Principle: Review and critique. Beh. Therapy, 1974, 5, 307—324

Fedoravicius, A. S.: The patient as shaper of required parental behavior. A case study. J. Beh. Ther. a. Exp. Psychiat., 1974, 4, 395—396

Ferster, C. B., Nurnberger, J. I., Levitt, E. B.: The control of eating. J. of Mathetics, 1962, 1, 87—109

Fox, L.: Effecting the use of efficient study habits. J. of Mathetics, 1962, 1, 75—86

Golddiamond, J.: Self-control procedures in personal behavior problems. Psychol. Reports, 1965, 17, 851—868

Goldfried, M. R.: Systematic desensitisation as training in self-control. J. Consult. a. Clin. Psychol. 1971, 37, 228—234

Goldfried, M. R., Merbaum, M.: Behavior change through-self-control. New York 1973

Goldfried, M. R., Merbaum, M.: How to control yourself. Psychology today, 1973, 11, 102—104

Gordon, C., Gergen, K. J.: The self in social interaction. New York 1968

Gordon, S. B., Hall, L. A.: Therapy determinded by assessment in the modification of smoking: A case study. Beh. Therapy a. Exp. Psychiat. 1974, 4, 379—382

Hagèn, R. L.: Group therapy vs. bibliotherapy in weight reduction. Beh. Therapy, 1974, 5, 222—234

Hall, S. M.: Self-control and therapist control in the behavioral treatment of overweight woman. Beh. Res. a. Therapy, 1972, 10, 59—68

Hall, S. M., Hall, R. G.: Outcome and methodical considerations of behavioral treatment of obesity. Beh. Therapy, 1974, 5, 352—364

Hartig, M.: Selbstkontrolle. Lerntheoretische und verhaltenstherapeutische Ansätze. München 1974

Homme, L. E.: Control of coverants, the operants of the mind. Psychol. Rep. 1965, 15, 501—511

Jacobsen, E.: Anxiety and tension control. Philadelphia 1964

Kahn, M., Baker, B.: Desensitisation with minimal therapist contact. J. Abn. Psychol. 1968, 73, 198—200

Kanfer, F. H.: Self-monitoring: Methodological limitations and clinical application. J. Consult. a. Clin. Psychol. 1970, 35, 148—152

Kanfer, F. H., Phillips, J. S.: Learning foundations of behavior therapy. New York 1970

Karoly, R., Kanfer, F. H.: Situational and historical determinants of self-reinforcement. Beh. Therapy 1974, 5, 381—390

Kolb, D. A., Winter, S. K., Berlew, D. E.: Self-directed change. J. Appl. Beh. Science, 1968, 453—471

Kossakowski, E.: Zur Entwicklung der eigenständigen Handlungsregulation. Berlin 1973

Kraiker, Ch.: Handbuch der Verhaltenstherapie. München 1974

Laucken, U.: Naive Verhaltenstheorie. Stuttgart 1974

Mahoney, M. J.: Research issues in self management. Beh. Therapy, 1972, 3, 45—63

Manno, B., Marston, A. R.: Weight reduction as a function of negative covert reinforcement vs. positive covert reinforcement. Beh. Res. a. Therapy 1972, 10, 201—207

Marlatt, G. A., Kaplan, B. E.: Self initiated attempts to change behavior. A study of New Years Resolutions. Psychol. Rep., 1972, 30, 123—131

McFall, R. M.: The effects of self-monitoring on normal smoking behavior. J. Consult. a. Clin. Psychol. 1970, 35, 135—142

Nolan, J. D.: Self-control procedures in the modification of smoking behavior. J. Consult. a. Clin. Psychol., 1968, 2, 92

Premack, D.: Mechanisms of self-control in learning mechanisms of smoking. Chicago 1970

Rogers, C., Skinner, B. F.: Some issues concerning the control of human behavior. Science, 1956, 124, 1057—1066

Roberts, A. H.: Self-control procedures in modification of smoking behavior. Psychol. Rep., 1969, 24, 675—676

Simkins, L.: The reliability of self-recorded behaviors. Beh. Therapy, 1971, 2, 83—87

Sherman, A. R., Prummer, I. L.: Training in relaxation as a behavioral self-management skill: An exploratory investigation. Beh. Therapy, 1973, 4, 543—550

Skinner, B. F.: Science and human behavior. New York 1969

Stuart, R. B.: Behavioral control of overeating. Beh. Res. a. Therapy, 1967, 5, 357—365

Teegen, F.: Möglichkeiten der Selbsthilfe bei der Veränderung von eigenen Problemen. Psychol. i. Erz. u. Unterricht, 1974, 21, 321—323

Teegen, F., Grundmann, A., Röhrs, A.: Wissenschaftliche Begleitung einer Übung zur Selbstkontrolle des Verhaltens bei Studenten — erste Ergebnisse. In: M. Cramer, P. Gottwald (Hg.) Verhaltenstherapie in der Diskussion. München 1973, 7—16

Thoreson, C. E., Mahoney, M. J.: Behavioral self-control. New York 1974

Vorweg, M.: Psychologische Probleme der Einstellungs- und Verhaltensänderung. Berlin 1971

Voss, S. C., Homzie, M. J.: Choice as a value. Psychol. Reports, 1970, 26, 912—914

Watson, L., Tharp, R.: Self-directed behavior. Self-modification for personal adjustment. Monteroy 1972

Abkürzungen

Beh. Therapy: Behavior Therapy

Beh. Res. a. Therapy: Behavior Research and Therapy

J. Abn. a. Soc. Psychol.: Journal of Abnormal and Social Psychology

J. Pers. a. Soc. Psychol: Journal of Personality and Social Psychology

J. Beh. Ther. a. Exp. Psychiatry: Journal of Behavior Therapy and Experimental Psychiatry

Psychol. Reports: Psychological Reports

J. Consult. a. Clin. Psychol.: Journal of Consulting and Clinical Psychology

J. Appl. Beh. Science: Journal of Applied Behavior Science